MARCO POLO

Amsterdam

Reisen mit Insider Tipps

W0348803

Diesen Führer schrieb der Hollandkorrespondent Siggi Weidemann. Die Aktualisierung besorgte Anneke Bokern, freie Journalistin mit Wohnsitz in Amsterdam.

marcopolo.de

Die aktuellsten Insider-Tipps finden Sie unter www.marcopolo.de, siehe auch Seite 100

MAIRS GEOGRAPHISCHER VERLAG

SYMBOLE

MARCO POLO INSIDER-TIPPS:
Von unseren Autoren für Sie entdeckt

★ **MARCO POLO HIGHLIGHTS:**
Alles, was Sie in Amsterdam kennen sollten

HIER HABEN SIE EINE SCHÖNE AUSSICHT

WO SIE JUNGE LEUTE TREFFEN

PREISKATEGORIEN

Hotels

€€€	über 150 Euro
€€	90–150 Euro
€	bis 90 Euro

Die Preise gelten pro Nacht für zwei Personen im Doppelzimmer mit Frühstück.

Restaurants

€€€	über 27 Euro
€€	18–27 Euro
€	bis 18 Euro

Die Preise gelten für ein Menü (€€€) bzw. Gericht (€/€€) ohne Getränke.

KARTEN

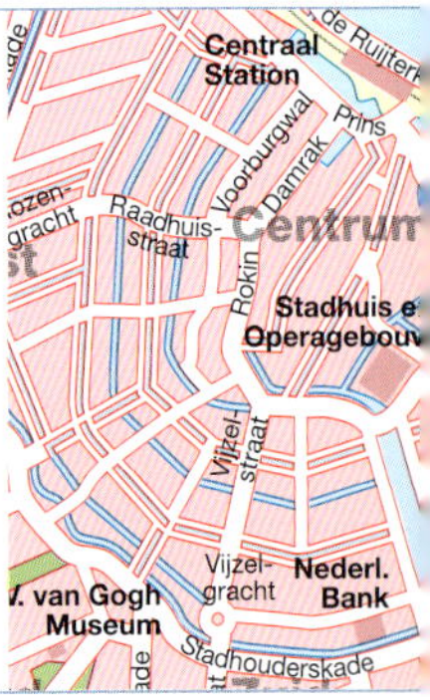

[112 A1] Seitenzahlen und Koordinaten für den Cityatlas Amsterdam und die Umgebungskarte Seite 122/123

[0] außerhalb des Cityatlas

Einen Plan der öffentlichen Verkehrsmittel finden Sie im hinteren Umschlag.

Zu Ihrer Orientierung sind auch die Objekte mit Koordinaten versehen, die nicht im Cityatlas eingetragen sind.

GUT ZU WISSEN

INHALT

Die wichtigsten MARCO POLO Highlights

Sehenswürdigkeiten, Orte und Erlebnisse, die Sie nicht verpassen sollten

1 Begijnhof
Das wohl bekannteste *hofje* Amsterdams scheint noch immer in mittelalterlich-freundlicher Frömmigkeit zu ruhen (Seite 19)

2 Gouden Bocht
Kaufleute, Schiffsbauer und Senatoren wohnten früher hinter den reich geschmückten Fassaden direkt am »Goldenen Bogen« der Herengracht (Seite 22)

3 Westerkerk
Zuschauen, wie sich Amsterdamer auf ihren Dachterrassen sonnen. Vom »Langen Jan« geht die Sicht über die Dächer von Amsterdam (Seite 27)

4 Vondelpark
Die grüne Lunge der Stadt wird von Spaziergängern, Inlineskatern, Liebespaaren, Musikanten und Hundebesitzern intensiv genutzt (Seite 29)

5 Nieuwmarkt
Mischung aus Ausgehviertel und Chinatown. Rund um den Platz gibt es Cafés und Musikkneipen, in den Seitenstraßen vor allem asiatische Imbisse und Geschäfte (Seite 30)

6 Scheepvaartmuseum
In historischen Kostümen stellen Schauspieler an Bord des Dreimasters »Amsterdam« die Zeit nach, als diese Segelschiffe noch die sieben Weltmeere befuhren (Seite 43)

Beschauliche Grachtenfahrt

Historische »Amsterdam«

7 **Van Gogh Museum**
Freunde des Künstlers legen weite Wege zurück, um die Meisterwerke zu sehen. In den Sälen hört man fast alle Sprachen der Welt (Seite 44)

8 **Villa Zeezicht**
Die beste warme Appeltaart weit und breit, gekrönt von einer Kugel Zimteis (Seite 49)

9 **Kalvertoren**
Vom Dachcafé des gläsernen Einkaufszentrums hat man einen hübschen Rundblick – ganz umsonst (Seite 61)

10 **Bloemenmarkt**
Tulpenzwiebeln, Palmenwedel und üppige Blumenarrangements findet man auf dem einzigen schwimmenden Blumenmarkt (Seite 63)

11 **Pulitzer Hotel**
Treppauf und treppab steigt man, dass die Balken knarren. Eine feine Adresse innerhalb historischer Mauern (Seite 69)

12 **Leidseplein**
Nachtschwärmerviertel, das bis in die Morgenstunden wach bleibt (Seite 77)

Sonniges Relaxen im Vondelpark

13 **Pathé Tuschinski**
Aufwändig renoviert, beherbergt das seit 1921 bestehende Art-déco-Theater heute sechs Kinos (Seite 80)

14 **Escape**
In der größten Disko der Stadt trifft sich, wen die Türhüter für cool halten (Seite 81)

15 **Grachtenfahrt**
Zur Einstimmung oder zum Abschluss eines Amsterdambesuchs – die Bootstour auf den Kanälen sollte auf keinen Fall fehlen (Seite 89)

★ *Die Highlights sind in der Karte auf dem hinteren Umschlag eingetragen*

Entdecken Sie Amsterdam!

Das »Venedig des Nordens« – eine entspannte, aber manchmal chaotische Metropole auf 90 Inseln

Selbst die Tram zeigt sich originell

Leicht windschief lehnen die schmalen Häuser sich aneinander. Ein Radler überquert auf seinem quietschenden Fahrrad die Brücke, vor dem Eckcafé sitzen Leute beim Milchkaffee in der Sonne. In der Ferne hört man die Straßenbahn über den Leidseplein rumpeln. »Eine schöne Stadt, Amsterdam. Auch der Verbannte bewundert die nobelschlichte Architektur der alten Patrizierhäuser, spürt den etwas verwunschenen Reiz der Grachten mit ihren venezianischen Gerüchen und Perspektiven«, schwärmte bereits Klaus Mann. Und wie der deutsche Schriftsteller in den 1930er-Jahren, so erliegen auch heute noch jährlich Millionen Besucher dem Charme der Metropole an der Amstel.

Kein Wunder, denn Amsterdam ist eine unglaublich vielseitige Stadt. Alt und neu, ruhig und betriebsam, kunstsinnig und kommerziell, kleinstädtisch und kosmopolitisch – keine Beschreibung der Grachtenstadt kommt ohne Widersprüche aus. Mit über 7000 denkmalgeschützten Bauten hat Amsterdam die höchste Dichte an historischen Monumenten in den Niederlanden zu bieten. In der Altstadt entdecken Sie an jeder Ecke ein Stück Geschichte, von bebilderten Giebelsteinen über alte Schiffswerften bis hin zur Geheimkirche unter dem Dach eines Grachtenhauses.

Dank der kompakten Innenstadt lässt es sich in Amsterdam, das sich über 90 Inseln erstreckt, wunderbar flanieren. Erst wer zu Fuß durch die kopfsteingepflasterten Grachten läuft, wird die Eleganz der schmalen, hohen Bürgerhäuser wahrnehmen, wird den Reiher auf dem Dach des Hausboots bemerken, hier und dort auf ein verborgenes *hofje* oder einen kleinen Antiquitätenladen stoßen. Das historische Ensemble des Grachtenrings ist über die Jahrhunderte hinweg komplett erhalten geblieben, und auch in manchen anderen Gegen-

Entspannender als in einem Café direkt an der Gracht kann man den Tag nicht beginnen

den, wie dem beinahe dörflich wirkenden Stadtteil Jordaan, scheint die Zeit stillzustehen. Nur wenige Autos wagen sich in die engen Gassen, stattdessen stehen Blumenkübel vor den Häusern und schleichen Katzen um die Ecken.

Dass Amsterdam dennoch kein angestaubtes Freilichtmuseum, sondern eine überaus lebendige Stadt ist, liegt einerseits am unbefangenen Umgang der Holländer mit ihren Denkmälern – da wird schon mal eine Neonreklame an einen gotischen Treppengiebel gehängt –, andererseits aber auch an der ungewöhnlich internationalen und jugendlichen Bevölkerung. 37 Prozent der Amsterdamer sind nicht in den Niederlanden geboren, und beinahe die Hälfte der Einwohner ist jünger als 35 Jahre. Und so geht es in den Ausgehvierteln rund um Leidse- und Rembrandtplein stets turbulent zu, die Shoppingmöglichkeiten sind fast grenzenlos und die Wahl zwischen den vielen verschiedenen Spezialitätenrestaurants fällt ungeheuer schwer.

» Multikulturelle Stadt mit jungen Leuten «

Am deutlichsten spürbar ist das internationale Flair auf dem Albert-Cuypmarkt im Arbeiter- und Studentenviertel De Pijp, wo asiatisches Gemüse neben holländischen Tulpen, indischem Haargel und spanischem Fisch feilgeboten wird. Sehr viel Trubel herrscht an Sommertagen auch im Vondelpark, der schon zu Hippiezeiten ein berühmter Treffpunkt der Jugend war.

Amsterdam hat zu jeder Jahreszeit seinen Reiz – ob im Sommer, wenn die Cafés ihre Tische auf die Straße stellen und sich eine beinahe mediterrane Atmosphäre in der Stadt ausbreitet, oder im Winter, wenn Nebelschleier über den Grachten hängen und die Brücken festlich beleuchtet sind. Zu den Hauptattraktionen der Grachtenstadt gehören die drei großen Mu-

Tulpen aus Amsterdam

Keine andere Blume wird so nachdrücklich mit der Stadt in Verbindung gebracht

Im März 1594 blühte erstmals im botanischen Garten von Leiden eine Tulpe. Auf dem Höhepunkt der Machtentfaltung, als auf allen Weltmeeren die niederländische Flagge flatterte, brach Mitte des 17. Jhs. das »Tulpenfieber« aus, wurde die Blume nicht nur zum Wirtschaftsfaktor, sondern zur Manie. Sie stand stellvertretend für die Spielleidenschaft und Spekulationssucht der nur scheinbar so nüchternen Menschen: Drei der seltenen Tulpenzwiebeln »Semper Augustus« kosteten 1637 rund 30 000 Gulden – für 10 000 Gulden erhielt man bereits ein Haus an der Gracht. So wurde aus der Tulpe auch ein Symbol der Eitelkeit, die manch reichen Bürger zum Bettler machte.

Amsterdamer haben einen Sinn für das Ungewöhnliche

seen am Museumplein mit ihren einzigartigen Kunstschätzen ebenso wie die vielen kleinen Läden im Stadtzentrum, in denen es sich stundenlang stöbern lässt. Und nicht zuletzt trägt auch die offene und fröhliche Art der Amsterdamer ihr Scherflein dazu bei, dass das »Venedig des Nordens« ein beliebtes Ziel für Besucher aus aller Welt ist.

Die Mentalität der Amsterdamer, ihr Kaufmannsgeist und ihre sprichwörtliche Toleranz, hat die Geschichte der niederländischen Hauptstadt geprägt. Amsterdams Ursprünge liegen in einem sumpfigen Fischerdorf an der Mündung des Flusses Amstel in das IJsselmeer, welches heute ein See ist, früher jedoch ein Arm der Nordsee war. Nachdem dem Flecken Amstelledamme 1275 Zollfreiheit gewährt worden war, erhielt er im Jahr 1300 die Stadtrechte und kontrollierte dank seiner Lage fortan den Warenverkehr zwischen der Nordsee und dem holländischen Hinterland. Ihr Kaufmannsgeist ließ die Amsterdamer jedoch stets nach mehr streben: Nur einige Jahrzehnte später traten sie dem Hansebund bei und trieben Handel mit sämtlichen Ländern des Ost- und Nordseeraums. Zum Schutz gegen die Gezeiten begannen die Bewohner der aufstrebenden Stadt mit dem Bau einer Befestigungsanlage, den *wallen*. In diesem weit gehend erhaltenen ältesten Stadtviertel zwischen Oudezijds und Nieuwezijds Achterburgwal liegen heute Chinatown und das Rotlichtviertel.

» Fröhliche und offene Stimmung «

Gegen Ende des 16. Jhs. lösten sich die nördlichen Niederlande im 80-jährigen Krieg von der spanischen Herrschaft. Damals bereits erlangte Amsterdam den Ruf einer liberalen Stadt – und zog dementsprechend zahlreiche protestantische und jüdische Flüchtlinge aus Städten wie Antwerpen und Lissabon an, die noch immer spanisch besetzt waren. Diese Einwanderungswellen wohlhabender Kaufleute sorgten für eine Erweiterung der Handelsbeziehungen und läuteten so das Goldene Zeitalter ein. 1602 wurde die Vereinigte Ostindische Compagnie (VOC) gegründet, die das Monopol auf den Seehandel mit Ostasien und Indien erhielt, 1621 kam die Westindische Compagnie hinzu, die für die Westküste Afrikas zuständig war. In den folgenden 150 Jahren entwickelten sich die Niederlande zu einer der bedeutendsten See- und Handelsmächte Europas, und Amsterdam wurde zu einer wichtigen und reichen Hafenstadt, deren Einwohnerzahl ständig stieg. Als die Stadt drohte, aus allen Nähten zu platzen, begann man Anfang des 17. Jhs., den Grachtenring anzulegen: Reiche Kaufleute ließen sich außerhalb der alten *wallen* neue, prächtige Domizile mit angeschlossenen Lagerhäusern an der Heren-, Keizers- oder Prinsengracht bauen. Gleichzeitig erlebten Kunst und Literatur eine Blütezeit. Die bedeutendsten Meisterwerke des Goldenen Zeitalters wie Rembrandts »Nachtwache« oder Jan Vermeers »Milchmagd« kann man heute im Rijksmuseum bewundern – Zeugnisse einer protestantisch-bürgerlichen Kultur, in der Geschäftssinn und Offenheit gegenüber dem Andersartigen eine einträgliche Verbindung eingingen.

» Einst eine der mächtigsten Hafenstädte «

Um 1750 begann der Stern der Niederlande jedoch zu sinken. London überholte Amsterdam als Warenumschlagplatz, und Holland verlor das Handelsmonopol mit Südostasien. Das Goldene Zeitalter war vorbei. Erst Mitte des 19. Jhs. erholte sich die Wirtschaft wieder durch den Bau des Nordhollandkanals, der Hochseeschiffen die Fahrt bis in den Amsterdamer Hafen ermöglichte, und den Beginn der Industrialisierung.

In den 1970er-Jahren wurde Amsterdam dank der Toleranz seiner Einwohner zum Mekka für Hippies, Hausbesetzer und Aussteiger aus aller Welt. Liberale Politiker bewirkten die Legalisierung sanfter Drogen, jede Randgruppe konnte unbehelligt nach ihrer Fasson glücklich werden. Dieser Ruf eilt Amsterdam auch heute noch voraus – nicht nur Tulpen, Holzschuhe und

Die Marco Polo Bitte

WWF

Marco Polo war der erste Weltreisende. Er reiste in friedlicher Absicht, verband Ost und West. Er wollte die Welt entdecken, fremde Kulturen kennen lernen, nicht zerstören. Könnte er heute für uns Reisende nicht Vorbild sein? Aufgeschlossen und friedlich sollte unsere Haltung auf Reisen sein. Dazu gehören auch Respekt vor Mensch und Tier und die Bewahrung der Umwelt.

Alte Speicher wurden zu Wohnhäusern umfunktioniert

Grachten, auch Coffeeshops und Homoehe haben das Image der Stadt geprägt.

Heutzutage ist Amsterdam eine überschaubare, entspannte, manchmal aber auch etwas chaotische Weltstadt mit etwa 730 000 Einwohnern, zu denen sich jährlich ein paar Tausend hinzugesellen. Seit der Nachkriegszeit versucht man der Wohnungsnot mit dem Bau immer neuer Viertel am Stadtrand zu begegnen. Zunächst entstanden einige Hochhausviertel im Westen und Südosten der Stadt. Inzwischen wird vor allem in Zentrums- und Wassernähe gebaut, so etwa auf den ehemaligen Hafeninseln KNSM und Borneo im Fluss IJ. Bis 2012 soll auf sieben neuen Inseln im IJmeer Wohnraum für 45 000 Menschen entstehen. Die Amsterdamer zeigen keine Scheu vor Experimenten, sodass die Stadt auch für ihre unkonventionelle zeitgenössische Architektur bekannt ist.

» *Jeder soll nach seiner Fasson glücklich werden* «

Am liebsten bewegen die Amsterdamer sich noch immer auf ihrem *fiets*, also dem meist rostigen Fahrrad fort, an Sommerwochenenden tuckern sie gerne in kleinen Booten mit einem Glas Rosé in der Hand durch die Grachten. Cafés sind ein wichtiger Teil des Lebens. Ob schummerige Pinten, kühle Designerbars oder kerzenbeleuchtete Kuschelhöhlen – Hauptsache, sie sind *gezellig*.

Dank ihrer Vielseitigkeit zieht Amsterdam eine große Bandbreite an Besuchertypen an: von Kulturreisenden über Shoppingfans bis hin zu Partytouristen. Und wenn sich die Ulmen im Wasser der Grachten spiegeln und im Hintergrund das Glockenspiel der Westerkerk erklingt, sind sie alle gleichermaßen fasziniert.

97

Amsterdamer Schliff und Multikulti

Bemerkenswertes über die liberale, weltoffene und dennoch gemütliche Stadt

Amsterdamer Schliff

Amsterdam war einmal eine Hochburg der Diamantschleiferei. Die Ursprünge der Diamantindustrie reichen bis ins 16. Jh. zurück, als jüdische Flüchtlinge aus Antwerpen sich an der Amstel niederließen. Deutsche und portugiesische Juden bauten den Wirtschaftszweig weiter aus. Nachdem im 18. und 19. Jh. in Südamerika und Südafrika neue Diamantfelder entdeckt worden waren, erlebte die Stadt ihre Glanzzeit in diesem Handwerk. 1928 arbeiteten mehr als 10 000 Menschen im Diamantgewerbe, dessen Zentrum sich rund um die Weesperstraat befand. Zwei weltbekannte Diamanten wurden in Amsterdam geschliffen: 1852 der Koh-i-Noor (Berg des Lichts) mit 108,8 Karat und 1908 der Cullinan I. mit 516,5 Karat (beide gehören zu den britischen Kronjuwelen). Die Diamantschleiferei war eine der wenigen Tätigkeiten, die Juden erlaubt waren. Im Zweiten Weltkrieg wurden 2800 jüdische Diamantschleifer deportiert. Heute leben nur noch rund 550 Menschen von der Schleiferei.

Plausch vor einem der schönen Entrees eines Grachtenhauses

Blumen

Wer in Holland zu einer Geburtstagsfeier oder einem Essen eingeladen wird, erscheint nie ohne Blumenstrauß. Schon seit Jahrhunderten gehören Schnittblumen, vor allem natürlich Tulpen, zur niederländischen Kultur und sind ein bedeutender Wirtschaftszweig. Jeden Tag werden Blumen im Wert von 12,5 Mio. Euro aus den Niederlanden exportiert. Aber auch im eigenen Land werden beträchtliche Mengen abgesetzt: Im Schnitt gibt jeder Holländer 80 Euro im Jahr für Blumen aus. Angesichts der niedrigen Preise für Blumensträuße ist das eine ganze Menge. Um die große Nachfrage zu befriedigen, gibt es in Amsterdam überall kleine Blumenstände, die oft auch sonntags geöffnet sind.

Coffeeshop

Nicht zu verwechseln mit einem Café: Coffeeshops sind Kneipen, in denen man neben Kaffee auch *soft drugs*, weiche Drogen wie Marihuana und Haschisch, kaufen und konsumieren kann. Holland ist das einzige europäische Land, in dem kleine Mengen (bis zu 5 g) weicher Drogen öffentlich verkauft werden dürfen. Zwar verstößt der Handel auch hier gegen das Gesetz, aber dies wird großzügig interpretiert. Die kleine Menge fällt unter das Toleranzprinzip: Verkauf und Konsum sind zwar strafbar, aber nicht strafwürdig. Ziel dieser Drogenpolitik ist es, das Drogenproblem zu kontrollieren und den Konsum von Marihuana und Haschisch nicht zu kriminalisieren.

Fahrrad

Sogar Königin Beatrix radelt. Das Fahrrad, *fiets*, gehört zum Stadtbild von Amsterdam. Im Hafenbecken vor dem Hauptbahnhof ankert seit 2001 das erste Fahrradparkhaus der Welt, das so genannte *fietsenflat*. Bis zu 5000 Fahrräder werden täglich in dem beaufsichtigten Parkhaus abgestellt. Kein Wunder, denn die Besitzverhältnisse der beinahe 500 000 Amsterdamer Räder wechseln meist schnell: Fahrraddiebstahl gehört neben Taschendiebstahl zu den häufigsten Delikten, und die Aufklärungsrate ist niedrig.

Das Fahrrad ist ein ideales Verkehrsmittel in Amsterdam. Die Stadt besitzt ein gut ausgebautes Netz an Fahrradwegen *(fietspaden)* und ausgeschilderten Routen quer durch die Stadt.

Gezelligheid

Gezelligheid charakterisiert das Lebensgefühl in der Grachtenstadt. Es umfasst mehr als das deutsche Wort Gemütlichkeit, es impliziert Gastlichkeit, Aufgeschlossenheit, Intimität, aber auch Genügsamkeit. *Gezellig* ist es an einem Abend in der Kneipe oder im Café, wenn Kerzen angezündet werden. *Gezellig* ist es, wenn die Familie zusammen beim Kaffee sitzt und fernsieht. Und wenn ein Amsterdamer »gezellig, toch« sagt, dann erst fühlt er sich richtig wohl. Kaffee gilt als »Schmiermittel« für *gezelligheid*.

Haus- oder Wohnboote

Das Wohnen auf dem Wasser liegt seit den 1960er-Jahren im Trend. An den Ufern vieler Grachten haben mehr als 2000 Hausboote angelegt. Die meisten besitzen Strom sowie Trinkwasser und sind

Viele der Wohnboote werden von ihren Bewohnern gehegt und gepflegt

an die Kanalisation angeschlossen. Die Boote sind zum Teil so gepflegt wie kleine Einfamilienhäuser. *Wohnbootkolonien befinden sich an Amstel, Prinseneiland, Prinsengracht, Oude Schans*

Monarchie

Seit 1815 ist Holland eine konstitutionelle Monarchie mit parlamentarischem Regierungssystem. Die Mehrheit der Niederländer befürwortet die Monarchie. Als derzeitige Monarchin regiert Beatrix Wilhelmina Armgard, Königin der Niederlande, Prinzessin von Oranje-Nassau (geb. 1938). Ihr deutscher Ehemann, Claus von Amsberg, verstarb 2002. Thronfolger ist der erste der drei Söhne aus der Ehe, Prinz Willem-Alexander (1967), der 2001 die bürgerliche Argentinierin Máxima Zorreguieta heiratete. Seine Brüder sind Prinz Johan Friso (1968) und Prinz Constantijn (1969).

Multikulti

Im Regal stehen thailändische neben surinamischen Lebensmitteln, an der Theke gibt es karibisches Gebäck, aus der Stereoanlage schallt laute Salsamusik – und die Kundschaft stammt aus aller Welt. Nirgends ist Amsterdam so multikulturell wie in den *tokos*, den exotischen Lebensmittelläden, wie man sie z. B. am Albert Cuypmarkt findet. Aber auch sonst fällt in der Grachtenstadt immer wieder auf, wie bunt gemischt die Bevölkerung ist. Beinahe 40 Prozent der Amsterdamer sind nicht in den Niederlanden geboren. Ein Großteil der Ausländer stammt aus Marokko und der Türkei, aber auch Einwohner aus den ehemaligen niederländischen Kolonien, also Indonesien, Suriname und von den Antillen, sind zahlreich vertreten. Daneben zieht es auch immer mehr andere Europäer sowie Amerikaner in die kleine Metropole. Dank dieser Vielfalt hört man auf der Straße alle erdenklichen Sprachen und findet an jeder Ecke einen exotischen Imbiss.

Patatjes

Schon seit Jahrhunderten streiten sich Holländer und Belgier darum, wer die Pommes frites erfunden hat. Eigentlich spielt das gar keine Rolle, wichtig ist nur: Aus frischen Kartoffeln geschnitzt und zweimal frittiert müssen sie sein, damit sie richtig knusprig werden. In Amsterdam findet man an jeder Ecke einen Stand, der frische *patatjes* in spitzen Papiertüten verkauft. Wer dazu nach Ketchup verlangt, gibt sich sofort als Tourist zu erkennen. Der Einheimische bevorzugt Mayonnaise oder Satésauce, eine pikante indonesische Erdnusscreme.

Toleranz

Wenn die Amsterdamer für einen bestimmten Charakterzug berühmt sind, dann ist es ihre sprichwörtliche Toleranz. Schon seit ihrer Gründung vor 700 Jahren hat die Stadt deshalb eine geradezu magische Anziehungskraft auf Freigeister, Flüchtlinge und Emigranten. Kaum ein Volk in Europa reagiert so zügig auf gesellschaftliche Veränderungen wie die Niederländer. »Leben und leben lassen« ist das Motto, das sich nicht nur auf Subkulturen und gesellschaftliche Randgruppen erstreckt, sondern auch die Duldung von Drogenkonsum, Abtreibung und Sterbehilfe mit einschließt.

Feste, Events und mehr

Paraden, Volksfeste, Theater und Musik – in Amsterdam ist immer etwas los

Zu jeder Jahreszeit präsentiert sich Amsterdam mit einem kulturellen Feuerwerk. Der Sommer ist die Zeit der Festivals, die gemeinsam unter dem Namen *Amsterdam Arts*

Buntes Fest: Amsterdam Pride

Adventure stattfinden. Einige Höhepunkte des reichhaltigen Angebots sind kostenlos – etwa die Openairkonzerte im Vondelpark Insider Tipp oder die Lunchkonzerte Dienstagmittag um 12.30 Uhr im Boekmansaal im Rathaus.

Feiertage

1. Januar; Ostermontag; 30. April *Koninginnedag*; **4. Mai** Nationaler Gedenktag für die Opfer des Zweiten Weltkriegs (*Dodenherdenking*;); **5. Mai** (Tag der Befreiung, öffentliche Einrichtungen geschlossen); **Christi Himmelfahrt; Pfingstmontag; 25./26. Dez.** Weihnachten

Veranstaltungen

April

Insider Tipp Am 30. April ist *Koninginnedag*, der Tag der Königin. Die Zentren der turbulenten Feierlichkeiten mit Flohmarkt und Verkaufsständen sind Dam, Leidsestraat, Rokin, Spui und der Vondelpark.

Mai

Bis zum September ist jeden Sonntag *Kunst- und Büchermarkt* auf dem Waterlooplein;
4. Mai: *Totengedenktag (Dodenherdenking)*, der nationale Trauertag zum Gedenken an die Opfer des Zweiten Weltkriegs (20 Uhr: zwei Minuten lang absolutes Schweigen);
5. Mai: *Tag der Befreiung*, offizielle Feierstunde im Beisein der Königin auf dem Damrak

Juni

Im Vondelpark startet die *Freilichtbühne* mit ihrem kostenlosen Theater- und Musikprogramm. Das Festival dauert bis zur letzten Augustwoche;
Roots Festival: Mehr als 50 internationale Gruppen treten zehn Tage an verschiedenen Orten der Stadt auf, u. a. im Melkweg, im Tropenmuseum und im Oosterpark;
Holland Festival, eine internationale Kunstmanifestation. Das 1947 ins Leben gerufene Festival präsentiert zwei Wochen lang experimentelles Theater, Tanz, Oper und Musik.

Juli

Amsterdam Pride: farbenfrohe Schwulenparade im Grachtenring (letztes Juli-Wochenende);
Over Het IJ: Theater- und Musikfestival Anfang des Monats zwei Wochen lang auf dem Gelände einer alten Werft in Noord

August

Parade: Theater- und Musikfestival im Martin Luther King Park. Das mobile Theater, das durch Hollands Städte zieht, ist wegen seiner originellen Kleinkunst überaus beliebt (erster Samstag);
Grachtenfestival mit etwa 60 Konzerten. Höhepunkt ist das *Prinsengrachtkonzert* am Pulitzer Hotel (Mitte des Monats).

September

Aalsmeerer Blumenkorso, ein großartiges blühendes und duftendes Spektakel (erster Samstag);
Jordaan Festival in der Elandsgracht: Zehntägiges Volksfest mit Tanz und Musik;
Tag der offenen Denkmäler: Am zweiten Samstag öffnet eine Vielzahl historischer Bauwerke, die sonst nicht öffentlich zugänglich sind, ihre Pforten.

Oktober

Sloepenrace: Ruderbootrennen auf den Grachten der Innenstadt (zweiter Samstag);
Amsterdam-Marathon: 5000 Teilnehmer und mehr laufen am dritten Sonntag durch die Straßen.

November

Sinterklaas (Nikolaus) mit Umzug am dritten Samstag;
Crossing Border Festival am zweiten Wochenende mit Literatur- und Musikperformances

Dezember

Am Vorabend zum 6. Dezember ist *Pakjesavond*, dann beschenken sich die Niederländer. Der Tag hat etwa dieselbe Bedeutung wie bei uns der 24. Dezember.

Am 30. April trägt man Orange

Centraal Station

Giebel, Grachten, grüne Plätze

In Amsterdam versteckt sich das Leben nicht nur hinter den prächtigen Fassaden der alten Häuser

Vom Turm der Westerkerk, dem höchsten Kirchturm der Stadt, der die Krone Maximilians I. trägt, hat man einen wundervollen Blick über den inneren Grachtengürtel von Heren-, Keizers- und Prinsengracht. Das Rot ihrer Ziegeldächer und das Grün ihrer Gärten stehen in reizvollem Kontrast zu den verspielten Türmen des Rijksmuseums und des Hauptbahnhofs (Centraal Station), die bei diesem Rundblick als Fixpunkte dienen. Diese Stadt muss man zu Fuß oder mit dem Fahrrad erkunden, so nahe liegt hier alles beieinander.

BAUDENKMÄLER

Begijnhof **[112 A4]**
★ Das ruhende Herz der Stadt ist der Beginenhof. Rund um den mit Kastanienbäumen begrünten Innenhof stehen die zwischen 1982 und 1987 renovierten Giebelhäuser. Zwischen dem 14. und 17. Jh. wurden von wohlhabenden Bürgern die *hofjes* gegründet, zumeist Wohnanlagen für Bedürftige und Ältere. Die Häuser waren um einen

Centraal Station, Prunkbau aus rotem Backstein aus dem Jahr 1889

Neues Wohnen wassernah: Zeeburg

Innenhof angelegt. Heute sind *hofjes* sehr begehrte Wohnadressen für Studenten und Singles.

Der bekannteste *hofje* ist der Begijnhof am Spui. Der Beginenhof wurde im Jahr 1346 als Konvent für Laienschwestern, die kein Keuschheitsgelübde ablegten, gegründet. Später, als unter den Kalvinisten der Katholizismus abgeschafft worden war, wurde daraus ein Spital. Der Beginenhof ist einer von etwa 20 weiteren bewohnten *hofjes*. In den heute unter Denkmalschutz stehenden 47 Häusern leben ältere Frauen und Studentinnen. Die letzte Begine starb 1971. Am Eingang beim Spui steht das *Houten Huys* von 1477. Das Holzhaus gilt als das älteste Wohngebäude der Stadt. Außerdem sehenswert: die kleine Englische Kirche und hinter den Fassaden von zwei

Beliebtes Wohnviertel: Entrepotdok

Giebelhäusern die katholische Kirche. Fotografieren der Bewohner ist nicht gestattet. *Tgl. 9–17 Uhr, Zugang: Spui und Gedempte Begijnsloot, Tram: 1, 2, 5 (Spui)*

Beurs van Berlage **[112 C2]**
Die von dem Architekten Hendricus Petrus Berlage gebaute, 1903 von Königin Wilhelmina eröffnete Börse am Dam *(Koopmansbeurs)* gehört zu den großen Beispielen der städtischen Architektur. Sie beeindruckt durch Schlichtheit, harmonische Proportionen und dadurch, dass Material und Konstruktion offen sichtbar sind. Aber dem berühmtesten Werk des Stadtbaumeisters Berlage schien kein Glück beschieden. Die Fundamente sackten weg, und der Bau sollte in den 1970er-Jahren abgerissen werden. Die Amsterdamer aber fanden, die Börse müsse unbedingt erhalten bleiben und setzten sich damit gegenüber den Ratsherren durch. Seit der grundlegenden Renovierung, bei der Altes und Neues behutsam miteinander in Einklang gebracht wurden, ist die Börse ein Kulturzentrum. Mittelpunkt ist der *Wang Zaal,* durch dessen gläsernes Dach jeder abendliche Konzertgänger den Nachthimmel betrachten kann. Auch Wechselausstellungen. *Di–So 11–17 Uhr, Beursplein, Eintritt 5 Euro, Tram: alle Linien (Dam), www.beursvanberlage.nl*

Centraal Station (CS) **[113 D1]**
Der Hauptbahnhof wurde 1889 im Stil der Neorenaissance vom bekannten Architekten Petrus Cuypers (1827–1921) erbaut, der auch das Rijksmuseum entwarf. Das imposante, 306 m lange Gebäude steht auf einer Insel, mit dem Rücken zum Fluss IJ. Getragen wird der »Palast des Reisenden« von mehr als 10 000 Baumstämmen, die beim Bau in den sandigen Grund gerammt wurden. Sowohl die Fassaden als auch das Innere des Bahnhofs sind ungewöhnlich prachtvoll dekoriert, denn auf Grund ihrer prominenten Position in der Stadt sollte die Centraal Station nicht nur zweckmäßig, sondern auch schön sein. Der Bahnhofsvorplatz gehört mit seiner Wasserfront zu den besonders lebhaften Plätzen der Stadt. *Abfahrts- und Endpunkt für Straßenbahnen, Busse, Rundfahrt- und Museumsboote. Von der Rückseite des Bahnhofs aus (kostenlose) Personenfähren nach Amsterdam-Noord und Java-Eiland*

Entrepotdok **[113 F4–5]**
Früher dienten die Magazine als Umschlagplätze für zollpflichtige Waren. Das Entrepotdok, umgeben von schiffbaren Wasserstraßen, wurde im Rahmen eines Stadterneuerungsprogramms in Sozial- und Eigentumswohnungen umgestaltet. Aus den Speicherhäusern und Magazinen des 18. und 19. Jhs., die schon fast verfallen waren, schuf man eine originelle Wohngegend. Eine Ziehbrücke führt zum Gelände von *Artis*, dem Amsterdamer Zoo, und weiter zum *Hortus Botanicus. Hoogte Kadijk, Tram: 9, 14 (Plantage Middenlaan)*

Grachten
Die Wassergräben, deren Aushebung 1612 begann und die 1663 abgeschlossen war, prägen bis heute das Bild der Stadt. An den Ufern des rund 100 km langen Kanalsystems stehen etwa 25 000 Bäume. Den Grundriss bestimmen die drei Hauptgrachten: die Heren-, die Keizers- und die Prinsengracht. Die Herengracht, die architektonisch schönste, wurde nach den Patriziern, den Handelsherren, benannt. Der zweite Grachtenbogen heißt Keizersgracht nach Kaiser Maximilian I., der der Stadt die Erlaubnis gab, seine Krone im Stadtwappen zu führen. Und die Prinsengracht schließlich erhielt den Namen von den Prinzen des Hauses Oranien. Hinter den meisten Stadtpalästen an der Heren- und Keizersgracht liegen auch heute noch Gärten: ein unvorstellbarer

MARCO POLO Highlights »Sehenswertes«

★ **Begijnhof**
Amsterdams bekanntestes *hofje* (Seite 19)

★ **Koninklijk Palais**
Das ehemalige Rathaus steht heute der Königin zur Verfügung (Seite 23)

★ **Nieuwmarkt**
Kneipen und Cafés rund um die Stadtwaage (Seite 30)

★ **Magere Brug**
Romantik umsonst und draußen, besonders abends bei Beleuchtung (Seite 25)

★ **Westerkerk**
Weit reicht der Blick vom Kirchturm (Seite 27)

★ **Vondelpark**
Der erste Park in Amsterdam (Seite 29)

★ **Leidseplein**
Jede Menge Leben herrscht auf dem beliebten Platz (Seite 30)

★ **Gouden Bocht**
Stilvolle Stadtpaläste an der schönsten Gracht (Seite 22)

★ **Fo-Kuang-Shan-Tempel**
Buddha in der Altstadt: ein Ort der Ruhe (Seite 32)

★ **Oude Kerk**
Ältestes Gebäude der Stadt, mitten im Rotlichtviertel gelegen (Seite 26)

Der denkmalgeschützte Grachtengürtel ist nachts besonders romantisch

Luxus bei den hohen Grundstückspreisen.

An der so genannten ★ *Gouden Bocht,* dem »Goldenen Bogen« der Herengracht zwischen Koningsplein und Vijzelstraat, stehen die prachtvollsten Stadtpaläste. Sie wurden nach 1670 fertig gestellt. Die Ruhe am Wasser, die von allen Reisenden immer wieder beschrieben wird, erlebt man am schönsten an den Grachten Oudezijds Voorburg- und Achterburgwal, an der Raamgracht, der Oude Schans und Kloveniersburgwal.

Für sauberes Wasser sorgten in früheren Zeiten Ebbe und Flut. Seit 1988 sind alle Häuser an die Kanalisation angeschlossen. Dennoch wird regelmäßig das abgestandene Kanalwasser mit frischem Wasser aus dem IJsselmeer erneuert. Die Architektur am Grachtenbogen ist denkmalgeschützt. Das Ensemble besteht aus 70 Inseln und wird von 1200 Brücken überspannt, von denen etliche noch aus dem 17. Jh. stammen. Da die Steuer sich damals nach der Breite der Häuser richtete, sind die meisten Häuser sehr schmal. Jedes Gebäude steht auf Pfählen – früher wurde Fichtenholz verwendet, heute Beton. Bei näherem Hinsehen gleicht kein Hausgiebel dem anderen. Die frühen Formen waren Schnabel- und Treppengiebel, unter italienischem Einfluss entstanden die Hals- und Glockengiebel. Und Ende des 18. Jhs. wurde bei der Giebelverzierung auf den französischen Klassizismus zurückgegriffen. Auffallend sind die Takelbalken, die in Amsterdam jedes Giebelhaus zieren. Die Treppen sind so schmal, dass beispielsweise Möbel per Flaschenzug durchs Fenster gehievt werden müssen. Die Häuserfronten sind daher auch leicht vornüber geneigt, damit das Takelgut nicht gegen die Wände schlägt. An zahlreichen Gebäuden sieht man noch Giebelsteine. Auf diesen »steinernen Türschildern« war symbolisch dargestellt, wer in dem Haus wohnte. Zahlreiche dieser *gevelstenen* sind im Historischen Museum zu besichtigen.

Koninklijk Paleis [112 B3]

★ Als Rathaus der Stadt entstand in den Jahren 1648–55 auf 13659 Fichtenstämmen das heutige Königliche Palais im klassizistischen Stil. Baumeister dieses einzigen profanen Monumentalbaus der Stadt war Jacob van Campen. Ein gewaltiger Fries, auf dem Seeungeheuer und allegorische, der Friedensgöttin huldigende Figuren zu sehen sind, ziert die Fassade. Der Bau war Sitz der Stadtverwaltung, mehr aber noch Repräsentationsbau. Das zeigen noch die marmorverkleideten Säulenhallen mit den überdimensionalen, von den Rembrandt-Schülern Govert Flinck und Ferdinand Bol geschaffenen allegorischen Gemälden. 1808, unter Louis Bonaparte, diente der Bau als Residenz – er ließ z. B. den Balkon anbringen. An jene Zeit erinnert auch die Empireeinrichtung mit Leuchtern, Möbeln und Glocken. Seit 1935 ist der Palast Staatsbesitz – mit der Königin als Hausherrin. Hin und wieder nächtigen hier Staatsgäste. Zu besichtigen sind u. a. der Bürger-, der Gerichts-, der Schöffensaal und die Empiresammlung. *Ende Juni–Mitte Sept. tgl. 12.30–17 Uhr, Auskunft zu Führungen Tel. 624 86 98, Tram: alle Linien (Dam)*

Montelbaanstoren [113 E3–4]

Der ehemalige Stadtturm wurde um das Jahr 1600 errichtet. Er diente früher zur Verteidigung der Quartiere der Stadtzimmerer und Schiffsbauer. Als Montelbaansturm beherbergt er heute das städtische *Waterkantoor*, das die Wasserstände in den Grachten zu regeln hat. *Oude Schans 2, Metro: Nieuwmarkt*

Pintohuis [113 D4]

»Einmal so reich wie Pinto sein!«, seufzte man seinerzeit im Amsterdamer Judenviertel. De Pinto hatte dem Gründer der Ostindischen Compagnie ein Gebäude aus dem frühen 17. Jh. abgekauft und es ganz im Stil der italienischen Renaissance umgebaut. 1975 entging das Haus nur knapp dem Kahlschlag für die damals neu angelegte Metro. Das Pintohaus dient heute als öffentliche Bibliothek. Ein Tipp: Schauen Sie von den Lesetischen aus doch einmal zu den meisterhaft restaurierten Deckenmalereien hinauf. Insider Tipp *Sint Antoniesbreestraat 69, Metro: Nieuwmarkt*

Königliches Palais auf dem Dam

Scheepvaarthuis **[113 D–E3]**
Auf den ersten Blick sieht das Schifffahrtshaus fast wie die Kulisse aus einem Batman-Film aus: Trutzig und etwas bedrohlich steht es an der Binnenkade östlich des Hauptbahnhofs. Das reich mit stilisierten maritimen Figuren und Ornamenten verzierte Gebäude aus dem Jahr 1916 ist ein frühes Beispiel des Backsteinexpressionismus, der in den 1920er-Jahren als Amsterdamer Schule berühmt wurde. *Prins Hendrikkade 108 bis 114, 5 Min. Fußweg vom Hauptbahnhof*

Schreierstoren **[113 D2]**
Von den Zinnen des Schreierstoren, eines halbrunden Festungsturms aus dem 15. Jh., winkten und weinten die Frauen und Geliebten der Seefahrer angeblich den auslaufenden Schiffen hinterher. Aber obwohl ein hübscher Giebelstein aus dem 17. Jh. diese Geschichte illustriert und die Reiseleiter sie immer wieder gerne erzählen, stimmt sie so nicht. Beim Schreierstoren trafen vielmehr zwei Kanäle in einer *schreye*, einer scharfen Kurve, aufeinander. Im Jahr 1609 segelte Henry Hudson von dem auf zahlreichen Gemälden verewigten Turm aus nach Nordamerika. Nach ihm sind der Hudson-Fluss und die Hudson Bay nördlich von New York benannt. Eine Bronzetafel erinnert an seine Reise. *Geldersekade, Metro: Nieuwmarkt*

De Waag **[113 D3]**
Mitten auf dem Nieuwmarkt steht das älteste weltliche Bauwerk Amsterdams: die ehemalige Stadtwaage, heute Sitz eines Instituts für neue Medien und eines Caférestaurants. 1488 als Stadttor erbaut, wurde sie im 17. Jh. zur Waage umfunktioniert. In den oberen Geschossen hatten mehrere Handwerksgilden ihren Sitz. Jede Zunft bekam ihren eigenen Eingang, bis heute an den unterschiedlichen Fassadensteinen zu erkennen.

Im Raum unter dem Dach richtete die Chirurgengilde ein »Anatomisches Theater« ein, das noch immer vollständig erhalten ist. Nach einer der vielen öffentlichen Sektio-

Entspannen & Genießen

Beim Floaten relaxen Sie entspannt in salzigem Wasser

Wenn Sie sich praktisch gewichtslos im 35 Grad warmen Salzwasser treiben lassen (denn das bedeutet »floaten«), fällt alle Anspannung vom Pflastertreten von Ihnen ab. Ähnlich muss es sich anfühlen, im Toten Meer zu baden. Das medizinisch-therapeutische Bad wirkt sich aber nicht nur körperlich positiv aus; auch der Geist entspannt, und Sie tanken neue Energie. Im *Koan Float Center* werden auch verschiedene Massagen angeboten. *Tgl. 9.30–23 Uhr, ein Bad kostet 28 Euro, Herengracht 321, Tel. 625 49 70, www.floatdreams.com*

nen entstand dort Rembrandts berühmtes Gemälde »Die Anatomie des Dr. Tulp« (1645). *Anatomiesaal nur bei Veranstaltungen des Medieninstituts zugänglich. Metro: Nieuwmarkt*

BRÜCKEN

Blauwbrug **[113 D6]**
Ursprünglich eine blaue Brücke über die Amstel zum Waterlooplein, einstige Verbindung zwischen Judenviertel und Innenstadt. Ihre jetzige Gestaltung mit den auffallenden Kaiserkronen geht auf das Vorbild der Pariser Seinebrücken zurück. *Amstelstraat/Amstel, Tram: 9, 14, Metro: Waterlooplein*

Magere Brug **[120 C1]**
★ Die 300 Jahre alte »Magere Brücke« ist eine hölzerne Zugbrücke und wird auch heute noch mit der Hand bedient. Sie erhielt ihren Namen von dem Architekten, der sie errichtete. Abends wird sie angeleuchtet. *Kerkstraat/Amstel, Tram: 4, Metro: Weesperplein*

KIRCHEN

Amstelkerk **[120 B1]**
Die Renovierung dieser kalvinistischen Kirche aus dem Jahr 1680 wurde 1990 abgeschlossen. Der Bau fällt durch seine Nüchternheit auf und dadurch, dass er ein fast perfekter Kubus ist: 14 m hoch und ebenso lang wie breit. Die Kirche wird für Gottesdienste, Ausstellungen und Konzerte genutzt. Im Nebengebäude befindet sich ein Loungerestaurant mit gepfefferten Preisen und schickem jungem Publikum. *Amstelveld 12, Tram: 4 (Prinsengracht)*

Blaue Brücke mit Maximilianskrone

Mozes en Aaronkerk **[113 D5]**
An der dem hl. Antonius von Padua geweihten Kirche wurde zwischen 1783 und 1841 gebaut. In den 1980er-Jahren war das katholische Gotteshaus Zufluchtsort für Obdachlose und Drogenkranke. Im Frühjahr 1991 wurde es nach sorgfältiger Renovierung als Begegnungsstätte und Ort für Ausstellungen wieder eröffnet. Wo heute die Kirche steht, soll 1632 das Geburtshaus des Philosophen Baruch de Spinoza (1632–77) gestanden haben. Während der Renovierung wurden jedoch keine Beweise dafür gefunden. *Waterlooplein, Tram: 9, 14, Metro: Waterlooplein*

Nieuwe Kerk **[112 B3]**
Auch die *Neue Kirche* wird aus Mangel an Kirchgängern für

In der Nieuwe Kerk werden alle niederländischen Könige inthronisiert

Ausstellungen und Konzerte genutzt. Chor und Umgang der spätgotischen kreuzförmigen Basilika entstanden ab 1408, mit dem Bau des Kirchenschiffs begann man um 1435. Die Einrichtung stammt aus dem 17. Jh. Hauptattraktion der Kirche ist die mit aufwändigen Schnitzereien verzierte Kanzel, für deren Herstellung der Bildhauer Albert Jansz Vinckenbrinck 15 Jahre benötigte. In der Kirche befindet sich das Grab des bedeutenden niederländischen Dichters Joost van den Vondel.

Ungewöhnlich ist, dass die Nieuwe Kerk keinen Turm hat. Zwar wurde 1565 an der Westseite der Kirche ein Fundament gelegt, aber politische Unruhen und der Bildersturm verhinderten den Bau. Als die Zeiten wieder friedlicher wurden, war die Stadtregierung gegen einen Turm, der die Kuppel des neuen Rathauses (des heutigen Palastes) überragt hätte. Als Kompromiss verlegte man das Rathaus so weit nach hinten, dass nun zumindest das hohe Querschiff der Nieuwe Kerk an den Platz grenzt. *Dam, bei Ausstellungen tgl. 10–18 Uhr, alle Tramlinien*

Noorderkerk **[112 A1]**

Im Herzen des früheren Armenviertels Jordaan entstand 1620–23 diese typische reformierte Kirche, deren Mittelpunkt die Kanzel ist. Der Bau hat den Grundriss eines griechischen Kreuzes. An der Südfassade erinnert eine Tafel an den Generalstreik im Februar 1941, der die Deportation der jüdischen Bevölkerung verhindern sollte. *Im Sommer Sa morgens geöffnet, Noordermarkt, 10 Min. Fußweg vom Hauptbahnhof*

Oude Kerk **[112 C3]**

★ Um 1300 erbaut, ist die Kirche das älteste Gebäude der Stadt. Sie war ursprünglich dem heiligen Nikolaus, dem Schutzpatron der Seeleute, geweiht, der vor allem in Hafenstädten verehrt wurde.

Von außen gibt die Oude Kerk ein recht uneinheitliches Bild ab. Zum Teil liegt das daran, dass Amsterdams Hauptkirche im Laufe der Jahrhunderte immer wieder erweitert wurde. Bereits um 1350 ersetzte man die ursprünglich schmalen Seitenschiffe durch breitere, dann wurde der Chor vergrößert, gefolgt vom Anbau eines Chorumgangs. Im 15. Jh. baute man mehrere Kapellen an, im 16. Jh. wurde das Hauptschiff und danach auch noch der Turm erhöht. Die Konstruktion wurde dabei trotz der Brandgefahr durch Holzbalken verstärkt, denn der sandige Amsterdamer Boden hätte das Gewicht der Kirche sonst nicht tragen können. Im Mittelalter diente das Gotteshaus als Zufluchtsort für Vagabunden, heute liegt es inmitten des Sex-, Drogen- und nächtlichen Vergnügungszentrums in der Altstadt und wird auch für Wechselausstellungen genutzt. *Mo bis Sa 11–17, So 13–17 Uhr, Eintritt 3,80 Euro (MJK), Oudekerksplein, Tram: 4, 9, 16, 24, 25 (Damrak)*

Westerkerk **[115 F4]**

★ Die Westerkerk wurde 1620 nach einem Entwurf von Hendrick de Keyser erbaut. Nach der gründlichen Renovierung in den 1980er- und 90er-Jahren erstrahlt die Kirche wieder wie zu Rembrandts Zeiten. Rembrandt soll hier die letzte Ruhestätte gefunden haben, doch sein Grab wurde nie entdeckt. Identifiziert wurde aber das Grab seines Sohnes Titus. Der mit 85 m höchste Turm der Stadt, der *Oude Wester* mit der rotweißblauen Krone Maximilians I., kann im Rahmen einer Führung bestiegen werden. Die Einrichtung der Kirche stammt aus der Zeit um 1630, die Orgel aus dem Jahr 1682.

Draußen vor der hellen Fassade stehen Souvenirhäuschen. Hinter der Kirche befindet sich ein Denkmal in Form eines großen liegenden Dreiecks aus rosa Granit. Es erinnert an die homosexuellen Opfer der Besatzungszeit. *Besichtigung nur mit Führung, April–Sept. Mo–Sa 11–15 Uhr, Glockenspiel: Di 12–13 Uhr, Turmbesteigung: April–Sept. Mo–Sa 10–16 Uhr, Eintritt 3 Euro, kein Fahrstuhl, Prinsengracht 281, Westermarkt, Tram: 13, 14, 17, 20*

Insider Tipp

Blick von der Westerkerk

Zuiderkerk **[113 D4]**

Die Zuiderkerk (1603–14) ist die erste Amsterdamer Volkskirche, die nach der Reformation gestiftet wurde. Baumeister war auch Hendrick de Keyser. Rund um die Kirche entstand im 16. Jh. das Nieuwmarkt-Viertel, in dem in erster Linie Tuchmacher und Schiffer lebten. Später siedelten sich auch Chinesen und Juden an. Am Kirchenportal erinnert eine Tafel daran, dass während der Kriegsjahre durch Hunger und deutsche Gewalt zeitweilig mehr Amsterdamer ums Leben kamen, als bestattet werden konnten. Die Rede ist von 20 000 Toten. Im Innern ist eine ständige Ausstellung über die Stadtentwicklung zu sehen, die auch die städtischen Wohnungsbaupläne mit einschließt. *Mo 11–16, Di–Fr 9–16 Uhr; Glockenspiel: Do 12–13 Uhr; Turmbesteigung: Juni–Mitte Sept. Mi–Sa 14–16 Uhr; Zuiderkerkhof, Tram: 9, 14, 20, Metro: Nieuwmarkt und Waterlooplein*

MÄRKTE

Die Amsterdamer haben ein Faible für den Straßenverkauf. Insgesamt gibt es 35 Tages- und Wochenmärkte. Hier einige Beispiele für besonders sehenswerte:

Albert Cuypmarkt **[120 B3]**

Der Markt in der gleichnamigen Straße ist der größte des Landes und der quirligste der Stadt – ein Erlebnis für die Sinne. Angeboten werden Obst, Gemüse, Fisch, Käse, Gewürze und Blumen. Auch indische Stoffe und afrikanisches Haargel können Sie kaufen. Das Publikum stammt aus aller Welt. *Mo–Sa 9.30 bis 17 Uhr, Tram: 16, 24, 25 (Ferdinand Bolstraat)*

Bloemenmarkt **[112 A–B5]**

Von der Tulpenzwiebel über getrocknete Palmenwedel bis zum üppigen Blumenstrauß ist hier alles zu haben. *Mo–Sa 9.30–17 Uhr, Singel, Tram: 1, 2, 4, 5 (Koningsplein); 9, 14, 16, 24, 25 (Muntplein)*

Menschen aus aller Welt treffen auf dem Albert Cuypmarkt zusammen

Noordermarkt [115 F3–4]
Um die Noorderkerk herum gibt es montags Trödel und samstags Produkte von Biobauern zu kaufen. *Mo 9–16 Uhr Flohmarkt, Sa 9–16 Uhr Biomarkt, Noordermarkt und Westerstraat, Tram: 13, 14, 17 (Westermarkt)*

Waterloopleinmarkt [113 D5]
Amsterdams bekanntesten Trödelmarkt gibt es auf dem Waterlooplein. Antiquitäten, neue sowie getragene Kleider, Bücher und Postkarten – hier findet sich manch nettes Stück, aber auch eine Menge Ramsch, der teilweise zu Wahnsinnspreisen verkauft wird. *Mo–Sa 10–17 Uhr, Waterlooplein, Tram: 9, 14, Metro: Waterlooplein*

PARKS & GÄRTEN

Hortus Botanicus [113 E–F 5–6]
In dem bereits 1682 angelegten *Botanischen Garten* blühten zunächst all jene Gewächse, die die Kaufleute aus fernen Ländern mitbrachten. So wurde eine Kaffeepflanze, die hier wuchs, zur Ahnherrin aller Kaffeeplantagen in Brasilien und Kolumbien, und die hier gedeihende Cycaspalme ist die älteste Topfpflanze der Welt. Insider Tipp

Mit einem futuristischen Gewächshaus, einem subtropischen, einem Wüsten- und einem Amazonasteil stellt sich der Garten auf die Zukunft ein. Ziel ist, nicht nur allein die exotische, sondern auch die einheimische Flora vor dem Aussterben zu bewahren. *Sommer Mo–Fr 9–17, Sa/So 11–17 Uhr, im Winter bis 16 Uhr, Eintritt 5 Euro, Plantage Middenlaan 2, Tram: 9, 14, 20 (Mr. Visserplein), www.hortus-botanicus.nl*

Sarphatipark [120 B3]
Volkstümlicher Park als Zentrum eines Wohnviertels aus der Mitte des 19. Jhs. Der Park, von bürgerlichen Häusern umgeben, war ursprünglich noch größer geplant, doch die Kapitalinteressen waren stärker als alle liberalen Ideen. In der Mitte der Grünfläche steht das auffallende Denkmal des jüdischen Arztes und Stadterneuerers Samuel Sarphati, bewacht von vier steinernen Löwen. *Tram: 3 (Sarphatipark), 24, 25 (Ferdinand Bolstraat)*

Vondelpark [118–119 C–E 2–3]
★ »Leben und leben lassen«, unter diesem Nenner kann man heute noch das Treiben in dem nach dem Renaissancedichter Joost van den Vondel benannten Park zusammenfassen. Der 1865 von reichen Bürgern gestiftete Park, im englischen Landschaftsstil angelegt, war mit seinen Rosengärten, seinen Teichen, dem Wald und den Reitwegen der erste öffentliche städtische Park der Stadt. Rund um den Park, etwa in der Vondelstraat, wurden Villen gebaut. In dem 45 ha großen Gelände fällt vor allem der weiße Pavillon ins Auge, der heute das *Filmmuseum* beherbergt, zu dem auch das *Café Vertigo* gehört. Auf einer Insel steht der gusseiserne *Musikpavillon* von 1873, und der 1874 gebaute Bauernhof ist mittlerweile ein Ausflugslokal, das sich nostalgisch als *melkhuisje* bezeichnet.

Der kinderfreundliche Park besitzt sechs Spielplätze und ein *Freilichttheater für Kinder* (*Juni–Sept. Mi mittags*). Einer der rund 20 Ausgänge befindet sich beim Filmmuseum an der Vondelstraat. Hinter der Nr. 140 verbirgt sich die *Hol-* Insider Tipp *landse Manege* (Reitschule). Das neoklassizistische, innen reich geschmückte Gebäude wurde 1882 eröffnet. Von einer Balustrade können Pferdeliebhaber bei Dressurübungen in der Manege zuschauen. Ein Café gibt es auch *(Mo–Fr 9–23, Sa 10–18 Uhr, Eintritt frei) Tram: 1, 2, 5 (Leidseplein); 3, 12 (Constantijn Huygensstraat)*

PLÄTZE

Leidseplein **[119 F1]**

★ Der bekannteste Platz, ein Mittelpunkt des städtischen Lebens. Eher reist ein Besucher ab, ohne Rembrandts »Nachtwache« gesehen zu haben, als dass er es versäumt hätte, sich hier von Puppenspielern, Feuerschluckern, Musikanten und Akrobaten unterhalten zu lassen. Im Sommer stehen unter den Bäumen Terrassenstühle, die bei schönem Wetter immer besetzt sind. Zahlreiche Kinos, alternative Theater, aber auch das Stadttheater *(Stadsschouwburg)* und das *Hotel Américain* mit dem *Café Américain* im Art-déco-Stil säumen den Platz.

Doch gibt es auch eine Kehrseite: Schon sprechen die Amsterdamer angesichts der so zahlreichen Fastfoodrestaurants abfällig von »Mayonnaisekultur«. Sie haben den Platz und die angrenzenden Gassen längst den Touristen überlassen. Immer noch populär sind die Cafés *Ejlders, Reijnders und Balie* sowie der Coffeeshop *Bulldog. Tram: 1, 2, 5, 6*

Nieuwmarkt **[113 D3]**

★ 🏃 Zu den Plätzen, die dem Leidseplein und dem Rembrandtplein ihren Rang als Ausgehzentrum Konkurrenz machen, gehört der Nieuwmarkt. Dieser Marktplatz – Buden mit Käse, Fisch und Gemüse, samstags kleiner Bauernmarkt – erhält seine Anziehungskraft durch die zahlreichen Terrassen- und Musikcafés *(Cotton Club, Café Cuba)* sowie das vielseitige Angebot thailändischer und chinesischer Restaurants. Eine Institution ist das *Café Bern.* Am Platz selbst und in den Seitenstraßen Jodenbreestraat, Krombootslot oder Zeedijk, die sich nach ihrer Restaurierung zu interessanten Nachtschwärmerstraßen entwickelt haben, finden Sie auch verschiedene thailändische und chinesische Geschäfte. *Metro: Nieuwmarkt*

Spui **[112 A–B5]** Insider Tipp

🏃 Gilt noch als typischer Amsterdamer Platz mit den Traditionsbierstuben *Hoppe* und *Zwart,* dem schicken *Café Luxembourg,* dem modischen *Café Esprit.* Am Freitag ab 10 Uhr Büchermarkt, *Tram: 1, 2, 5*

STADION

Amsterdam ArenA **[0]**

Wer mit dem Zug von Utrecht aus nach Amsterdam fährt, sieht in Höhe der Station Bijlmermeer links den glitzernden multifunktionalen Sportkomplex. Das 180 mal 235 m große und 78 m hohe Stadion mit dem gewaltigen gläsernen Schiebedach ist die »Heimat« des Fußballclubs Ajax Amsterdam. In dem 50 000 Plätze umfassenden Kolosseum werden auch Konzerte und Shows veranstaltet. Fußball- und Ajax-Fans besuchen das *Ajax Museum (tgl. 9–18 Uhr, Eintritt 6 Euro, Arena Boulevard, Metro 54).*

STADTVIERTEL

Berlageviertel **[120 C5]**
Zwischen 1900 und 1917 entwickelte Hendricus Petrus Berlage, der Architekt der Börse, einen Plan für eine Stadterweiterung im Süden Amsterdams. Zwar wurden von dem ehrgeizigen Projekt letztlich nur einige Straßenzüge realisiert, aber diese sind komplett im Stil der so genannten Amsterdamer Schule gebaut. Obwohl vor allem Arbeiter in dem Viertel leben sollten, wollte man die Monotonie von Mietskasernen um jeden Preis vermeiden. Das Resultat sind Backsteinbauten aus den 1920er-Jahren, wie man sie wirklich nur in Amsterdam findet – mit geschwungenen Balkonen, kleinen Erkern und Türmchen sowie skurril geformten Fenstern. Das Zentrum des Viertels bildet heute der Victorieplein mit der bronzenen *Berlage-Statue. Tram: 4, 12, 25 (Victorieplein)*

Bethanienviertel **[112 C3–4]**
Das Kernviertel des ältesten und strukturell am besten erhaltenen Stadtteils erstreckt sich zwischen Oudezijds Achterburgwal, Barndesteeg, Kloveniersburgwal und Hoogstraat, einen weiteren Kreis bilden Warmoesstraat und Nieuwmarkt. Das Viertel ist benannt nach dem Bethanienkloster aus dem Jahr 1450, das vor einiger Zeit für 2 Mio. Euro restauriert wurde. Im Keller des Klosters konnte eine gotische Krypta freigelegt werden. Die übrigen Klosterräume erhielten als Wohnungen und Konzertsaal eine neue Bestimmung.

Chinatown **[113 D2–3]**
Das kommerzielle Herz der chinesischen Kolonie schlägt in der Altstadt, im früheren Seemannsviertel. Um 1910 kamen die ersten Chinesen als Heizer auf den holländischen Dampfern nach Amsterdam. Obwohl sie mit rund 50 000

Richtig fit!

Zwischen Himmel und Erde: Freeclimbing an der Altarwand

Wenn es darum geht, ehemalige Kirchenbauten neuen Zwecken zuzuführen, ist man in Amsterdam nicht gerade zimperlich. Die spektakulärste neue Nutzung hat ein Kirchenbau aus der Nachkriegszeit im Westen der Stadt erfahren. Seit 1996 beherbergt er die Indoor-Kletterhalle »Tussen Hemel en Aarde« (Zwischen Himmel und Erde). In der 13 m hohen Kirche wurden auf einer Fläche von 1200 m^2 mehrere Kletterwände in allen Schwierigkeitsgraden installiert. Von der Bar aus hat man einen prima Blick auf die Kletterer, die wie barocke Engelchen an der früheren Altarwand hängen. *Erik de Roodestraat 16 (Amsterdam-De Baarsjes), Mo, Di, Do, Fr 17–23, Mi 14–23, Sa, So 12–20 Uhr, Tel. 412 59 94, Metro: Jan van Galenstraat, www.tussenhemelenaarde.nl*

Am Zeedijk haben sich viele chinesische Restaurants angesiedelt

Mitgliedern die größte ausländische Gemeinschaft sind, haben sie sich kaum integriert: Ihr größtes Hindernis ist das Erlernen der »unmöglichen« niederländischen Sprache. Ihren Lebensunterhalt verdienen die Chinesen hauptsächlich durch das Betreiben von Warenhäusern, Reisebüros, Restaurants und Garküchen.

Am Zeedijk 100 steht der ★ *Fo-Kuang-Shan-Tempel,* der im Herbst 2000 von Königin Beatrix eingeweiht wurde. Dieser große chinesische Tempel kann außerhalb der religiösen Veranstaltungen besichtigt werden. *Metro: Nieuwmarkt*

Insider Tipp

Jordaan **[115 F3–4]**

Der Jordaan ist zweifellos die *gezelligste* Gegend von Amsterdam. In manch einem braunen Café tönen noch immer die alten Jordaanschnulzen aus den Lautsprechern, in denen das legendäre Nachbarschaftsgefühl in diesem Stadtteil besungen wird. Bis ins 19. Jh. hinein war die Gegend zwischen Brouwersgracht, Lijnbaansgracht, Leidsegracht und Prinsengracht allerdings ein berüchtigtes Armenviertel. Erst nach dem Zweiten Weltkrieg wurde der Jordaan saniert. Die Arbeiter waren froh, aus dem Viertel wegziehen zu können. Sie wurden von Intellektuellen und Künstlern abgelöst, die von der beinahe dörflichen Atmosphäre mitten in Amsterdam fasziniert waren. *Tram 13, 14, 17 (Westerkerk)*

Östliches Hafengebiet/Zeeburg **[0]**

Seit Beginn der 1990er-Jahre sind auf den ehemaligen Docks *KNSM, Java, Borneo* und *Sporenburg* mehrere neue Stadtviertel mit Wohnraum für mehr als 15 000 Menschen entstanden. Aus den »Eilanden« wurde eine Art Freilichtmuseum der zeitgenössischen niederländischen Architektur. Insider Tipp Dabei versuchte man die für Neubauviertel so typische Eintönigkeit zu vermeiden. Jede Insel erhielt einen ganz eigenen städtischen Charakter. Werden die Kanäle und Molen des *Java-Eiland* von postmodernen Grachtenhäusern gesäumt, so reihen sich auf dem *KNSM-Eiland* mehrere große Blocks entlang eines Boulevards. Auf *Borneo* und *Sporenburg* bestimmen dagegen niedrige Reihenhäuser das Straßenbild, unterbrochen von riesigen Wohnblocks wie dem weithin sichtbaren »Walfisch« mit seiner glitzernden Zinkfassade.

Bei schönem Wetter lohnt sich eine Unterbrechung des architektonischen Spaziergangs durch das Viertel auf der Terrasse des *Café Kanis en Meiland (Mo–Fr 10–1, Sa/So bis 3 Uhr)* an der Levantkade, von wo aus man einen wunderschönen Blick über das Wasser und auf die alten Lagerhäuser am gegenüberliegenden Ufer hat. *Bus: 32 ab Centraal Station*

Insider Tipp

De Pijp **[120 A–C 2–4]**

Das früher graue Arbeiterviertel erfährt seit einigen Jahren eine erstaunliche Wandlung. Gegen Ende des 19. Jhs. in kürzester Zeit hochgezogen, um dringend benötigten Wohnraum für Arbeiterfamilien zu schaffen, waren die Wohnungen in De Pijp klein, die Straßen eng. Das trug dem Viertel auch seinen Namen ein: De Pijp heißt so viel wie »Der Schlot«. Was jedoch damals als ärmlich galt, finden heute viele pittoresk.

Der Aufstieg begann in den frühen 1990er-Jahren als die ersten Studenten das Viertel entdeckten, in dem zwischen Stadhouderskade und Jozef Israëlskade, Amsteldijk und Ruysdaelkade Menschen aus etwa 100 Nationen wohnen. Inzwischen zieht es auch viele betuchtere junge Holländer in das »Kreuzberg Amsterdams«, und die Wohnungspreise sind beträchtlich gestiegen. Vor allem samstags ist rund um den Albert Cuypmarkt echtes Großstadtleben angesagt. Dann brummt es in den Cafés, kleinen Geschäften und exotischen Imbissstuben. Abends hat De Pijp inzwischen auch einige angesagte Bars und Restaurants zu bieten. *Tram: 3, 4 (Stadhouderskade), 10, 24, 25 (Albert Cuypstraat)*

Die »hofjes« im Jordaan tragen zur dörflichen Atmosphäre des Viertels bei

IHS

Kunst mit frischem Blick

Nicht nur die Großen der niederländischen Kunst sind in den Museen vertreten, auch die noch weit gehend unbekannten Werke können hier bestaunt werden

Rembrandts »Nachtwache«, Van Goghs »Sonnenblumen« und Mondrians Linienkompositionen: Wer die Highlights der holländischen Kunstgeschichte sehen möchte, muss nicht lange suchen. Rijksmuseum, Van Gogh Museum und Stedelijk Museum, die drei wichtigsten Museen des Landes, liegen alle am selben Platz, dem Museumplein. Für einen Besuch der drei Kunsthorte sollten Sie mindestens einen Tag einplanen – und selbst dann werden Sie nur die absoluten Höhepunkte zu sehen bekommen.

Aber nicht nur für Kunstbegeisterte, sondern auch für Geschichtsfans, Katzenliebhaber und Freunde des Skurrilen ist in Amsterdam gesorgt. Die Innenstadt ist mit einer Vielzahl kleiner und größerer Museen zu allen erdenklichen Themen gespickt. Wer nicht zu Fuß gehen mag, den bringt das *Museumsboot* von Tür zu Tür. Es hält vor allen bedeutenden Museen *(Tageskarte 13,50 Euro, bietet 50 Prozent Rabatt auf den Museumseintritt).*

Die katholische Geheimkirche im Museum Amstelkring verbirgt sich hinter einer Wohnhausfassade

Moderne Kunst: Stedelijk Museum

Der Eintritt in die Museen kostet zwischen 1 und 10 Euro, Kinder zahlen weniger; Öffnungszeiten allgemein: Di–Sa 10–17, So ab 13 Uhr. Viele Häuser sind am 1. Jan., 30. April, 5. Mai und 25. Dez. geschl. Wer mehrere Museen besuchen will, sollte sich die »Museumsjaarkaart« (MJK) kaufen. Sie kostet 35 Euro (für unter 24-Jährige 15 Euro) und berechtigt 12 Monate lang zum Besuch aller wichtigen Amsterdamer und etwa 420 weiterer Museen des Landes. Verkauf beim Niederländischen Büro für Tourismus (NBT) in Köln und in den Museen. Passfoto nicht vergessen!

Allard Pierson Museum **[112 B5]**
Im ehemaligen Gebäude der Nederlandse Bank ist die archäologische Sammlung der Universität unterge-

bracht. *Di–Fr 10–17, Sa/So 13–17 Uhr, Eintritt 4,30 Euro (MJK), Oude Turfmarkt 127, Tram: 4, 9, 14, 16, 24, 25 (Rokin)*

Amstelkring **[112 C2]**
Mitten im heutigen Rotlichtviertel liegt dieses kleine Museum, das man von außen leicht übersieht. Treppauf und treppab kann man das verwinkelte Grachtenhaus aus dem 17. Jh. erkunden und gewinnt einen Eindruck vom Leben in vergangenen Zeiten. Die eigentliche Attraktion versteckt sich jedoch unter dem Dach. Insider Tipp Dort liegt eine dreigeschossige katholische Geheimkirche, die 1661 eingerichtet wurde – komplett mit Hochaltar und zwei Galerien. Da die herrschenden Kalvinisten den Katholiken verboten hatten, ihren Glauben öffentlich zu praktizieren, mussten die Kirchgänger sich durch einen Seiteneingang in das Grachtenhaus schleichen. Die Schutzkirche trug den passenden Namen *Ons' Lieve Heer op Zolder* (Unser lieber Herrgott auf dem Dachboden). *Mo–Sa 10–17, So 13–17 Uhr, Oudezijds Voorburgwal 40, Eintritt 4, 50 Euro (MJK), Altstadt, 10 Min. Fußweg vom Hauptbahnhof*

Anne Frankhuis **[116 A4]**
Eine schmale Stiege führt zum berühmtesten Hinterhaus der Hauptstadt. Zwischen 1942 und 1944 hatten sich die aus Frankfurt geflüchtete Familie Frank und eine weitere Familie vor dem Zugriff der deutschen Besatzer versteckt gehalten. Am 4. August 1944 wurde das Versteck verraten. Das Tagebuch der damals 13-jährigen Anne Frank, das in jenem Zimmer geschrieben wurde, ist längst ein Weltbestseller. Das Museum zeigt Wechselausstellungen über Nazigewalt in den Niederlanden und über Faschismus. Während der Saison kommt es zu langen Wartezeiten. *Mo–So 9–19, im Sommer bis 21 Uhr, Eintritt 6,50 Euro, Prinsengracht 263, Tram: 13, 14, 17, Westermarkt, Museumsboot*

De Appel **[116 A6]**
★ Obwohl De Appel meist als Galerie bezeichnet wird, ist es eher ein Ausstellungsraum für zeitgenössische Kunst. Zu kaufen gibt es hier nichts, dafür werden regelmäßig experimentelle Projekte von jungen, aufstrebenden Künstlern gezeigt. Alles ist erlaubt, von raumfüllenden Installationen über Medienkunst bis hin zu Performances und Videos. Manch ein zukünftiger Star der Kunstszene hat hier seine ersten Schritte gemacht. *Di–So 11–18 Uhr, Eintritt 2 Euro, Nieuwe Spiegelstraat 10, Tram: 16, 24, 25 (Herengracht), www.deappel.nl*

Bijbelsmuseum **[116 A6]**
In den Grachtenhäusern von 1662 wird versucht, anhand von Funden aus Ägypten und dem Mittleren Osten die alttestamentarische Epoche zu rekonstruieren. Besonders eindrucksvoll ist das Treppenhaus mit mythologischen Deckenmalereien (1717) auf Leinwand von Jacob de Wit. *Mo–Sa 10–17, So 13–17 Uhr, Eintritt 5 Euro (MJK), Herengracht 366, Tram: 1, 2, 5 (Leidsestraat), Museumsboot*

FOAM **[120 B1]**
Seit kurzem hat Amsterdam ein eigenes Fotografiemuseum, das in einem Grachtenhaus aus dem 19. Jh. untergebracht ist. Gezeigt werden wechselnde Ausstellungen zu allen

Aspekten der Fotografie, vom Bildjournalismus über Werbefotografie bis hin zu Werken niederländischer Fotokünstler. *Tgl. 10–17 Uhr, Eintritt 3,50 Euro (MJK), Keizersgracht 609, Tram: 16, 24, 25 (Keizersgracht), www.foam.nl*

Hash Marihuana Hemp Museum **[112 C3]**
Ein Hanfmuseum darf in der Stadt der Coffeeshops nicht fehlen. Präsentiert wird die 8000-jährige Geschichte des fünffingrigen Blattes, das von jeher auch für ganz harmlose Zwecke wie die Produktion von Textilien und Papier genutzt wurde. Aber auch die Haschischherstellung sowie verschiedene Roll- und Rauchmethoden werden veranschaulicht. Hinter einer Glaswand können die Besucher eine wuchernde Hanfplantage bestaunen. *Mo–Sa 11–22, So 11–17 Uhr, Eintritt 6 Euro, Oudezijds Achterburgwal 148, Metro: Nieuwmarkt*

Heineken Experience **[120 B2]**
In der 135 Jahre alten Heineken-Brauerei an der Stadhouderskade wird zwar kein Bier mehr gebraut, dafür kann man dort ein Museumsspektakel rund um den Gerstensaft erleben. Neben der Geschichte von Heineken wird auch der Produktionsprozess erläutert. Sie können einen Blick in Malzsilos und Kupferkessel werfen und werden in die riesigen Kellergewölbe geführt, in denen das junge Bier früher reifte. Und natürlich dürfen durstige Besucher zwischendurch auch das eine oder andere Bierchen der Hausmarke verkosten. *Di–So 10–18 Uhr, Eintritt 7,50 Euro, Stadhouderskade 78, Tram 16, 24, 25 (Heinekenplein)*

Historisch Museum **[112 A–B 4]**
★ Das frühere Waisenhaus beherbergt das stimmungsvollste und architektonisch eigenwilligste Museum Amsterdams. Der Gebäude-

MARCO POLO Highlights »Museen«

★ **De Appel**
Multimediale zeitgenössische Kunst (Seite 36)

★ **Historisch Museum**
Beeindruckende »Schützengalerie« (Seite 37)

★ **Joods Historisch Museum**
Begegnung mit dem Judentum in vier ehemaligen Synagogen (Seite 39)

★ **Rembrandthuis**
Hier wohnte der Meister des Hell-Dunkel-Effekts 25 Jahre lang (Seite 41)

★ **Rijksmuseum**
Publikumsmagnet ist Rembrandts »Nachtwache« (Seite 41)

★ **Scheepvaartmuseum**
Spaziergang über einen Ostindienfahrer (Seite 43)

★ **Stedelijk Museum**
Moderne Malerei zum Verlieben (Seite 44)

★ **Van Gogh Museum**
Die »Kartoffelesser« und van Goghs Briefzeichnungen (Seite 44)

Über Handel und Kultur der Stadt informiert das Historische Museum

komplex aus dem 16. und 17. Jh. war zunächst ein Kloster (St. Lucien), das 1578 von den Kalvinisten konfisziert wurde. Detailliert restauriert, mitten in der Innenstadt gelegen, vermittelt das Museum mit seinem Schachtelwerk von Innenhöfen und Durchgängen das Gefühl, in die Vergangenheit zurückversetzt zu werden. Beginnen Sie den Rundweg in der frei zugänglichen Museumsstraße, in der 16 Schützenstücke hängen, großformatige Darstellungen der Amsterdamer Schützengilden aus der Zeit, als die Stadt auf dem Höhepunkt ihrer wirtschaftlichen Macht stand. Weiterhin finden sich Werke von Rembrandt und dessen Zeitgenossen, etwa Frans von Mieris und Jacob van Ruisdael. Auch das um 1480 gemalte »Wunder« von Jacob Cornelisz van Oostsanen, dem ersten namentlich bekannten Amsterdamer Maler, hängt hier. Es stellt das Hostienwunder in der Kalverstraat dar *(Saal 3)*: Der Legende nach erbrach ein Todkranker die Sterbenssakramente, die, ins Feuer geworfen, nicht verbrannten, sondern über dem Feuer schwebten. Nach der kirchlichen Bestätigung des Wunders wurde Amsterdam zur Pilgerstätte. Laut Überlieferung hat Kaiser Maximilian I. anlässlich einer Pilgerfahrt der bis dahin wappenlosen Stadt das Recht verliehen, seine Krone im Wappenbild zu führen.

Insider Tipp

Vorbei am *Mädchenhof*, in dem die Waisenkinder frische Luft schnappen konnten, gelangen Sie zu einem Platz, wo in einem gläsernen Schauraum die Waffen und die silbrig glänzenden Rüstungen der Stadtwache ausgestellt sind. Am Eingang Sint Luciënsteeg ist eine ganze Wand mit historischen Giebelsteinen gestaltet worden. Der Giebel von 1642 wurde restauriert und über dem Eingangsportal von 1581 angebracht (Eingang Kalverstraat). Die Museumsgaststätte befindet sich im ehemaligen Kuhstall.

Dort steht ein gewaltiger, 5,5 m hoher Goliath, daneben der kleine David. Die beiden aus Holz geschnitzten, bunt bemalten Figuren standen um die Wende zum 20. Jh. im Amsterdamer Irrgarten, dem Doolhof. *Mo–Fr 10–17, Sa/So 11–17 Uhr, Eintritt 6 Euro (MJK), Kalverstraat 92, Tram: 1, 2, 4, 5, 9, 14, 16, 24, 25 (Spui oder Rokin), Museumsboot, www.ahm.nl*

Huis Marseille **[116 A6]**

Ein weiteres Museum, das sich der Fotografie widmet. In dem wunderschönen alten Grachtenhaus werden kleine, aber feine Wechselausstellungen mit Fotokunst des 20. und 21. Jhs. gezeigt. *Di–So 11–17 Uhr, Eintritt 2,50 Euro (MJK), Keizersgracht 40, Tram 1, 2, 5 (Keizersgracht), www.huismarseille.nl*

Joods Historisch Museum **[113 D5]**

★ Gegenüber der Portugiesischen Synagoge stehen die vier ehemaligen Synagogen der deutschen Juden, die das wichtigste judaische Museum außerhalb Israels bilden. Die vier ehemaligen Lehrhäuser *(sjoels)*, die Grote Sjoel (1671), die Neue (1752), die Obene (1671 als Fleischhalle gebaut) und die Dritte (um 1700) sind mit Glas- und Stahlgalerien verbunden – symbolisch wird damit an den Bruch in der jüdischen Geschichte erinnert, als während des Zweiten Weltkriegs 107 000 niederländische Juden, unter ihnen 80 000 aus Amsterdam, in den Konzentrationslagern umkamen. Die Exponate befassen sich mit Thora und Tradition, Glauben und Politik, Sabbat und Feiertagen, Vertreibung und Ho-

Jüdisches Leben

In Amsterdam lebte eine der größten jüdischen Gemeinschaften Europas

Seit dem 17. Jh. war das Gebiet rund um den heutigen Waterlooplein das Judenviertel, in dem bis zum Zweiten Weltkrieg 100 000 Menschen wohnten – neben den meist armen aschkenasischen (deutschen) Juden und den traditionell wohlhabenderen sephardischen (portugiesischen) Juden auch einige glücklose, finanziell ruinierte Christen, darunter im 17. Jh. der Maler Rembrandt. Im Zweiten Weltkrieg bereiteten die Nazis dem florierenden jüdischen Leben ein jähes Ende. Zur Deportation in die Konzentrationslager Sobibor und Auschwitz mussten die Juden sich vor der Hollandse Schouwburg, einem Theater mitten im Judenviertel (heute eine Gedenkstätte), versammeln. Die Holländer sahen nicht nur untätig zu: Als Reaktion auf eine Razzia im Judenviertel kam es im Februar 1941 zu einem Generalstreik, dem einzigen Streik überhaupt gegen das NS-Regime. Mit wenig Erfolg: Im Laufe der folgenden Jahre verschleppten die Nazis fast alle niederländischen Juden in KZs. Nur 6000 Amsterdamer Juden überlebten den Krieg.

Alles für die Katz im Kattenkabinett

locaust sowie dem Judentum in den Niederlanden. *Tgl. 11–17 Uhr, Eintritt 5 Euro (MJK), Führungen auf Anfrage, Jonas Daniël Meijerplein 2–4, Tram: 9, 14 (Mr. Visserplein), Metro: Waterlooplein, www.jhm.nl*

Kattenkabinet [112 A–B6]
In diesem schönen Patrizierhaus an der Herengracht widmet man sich ganz dem Thema »Die Katze in der Kunst«. Fast jede Stilrichtung der letzten Epochen ist vertreten. Der Ballsaal zum Garten dient auch heute noch festlichen Gelegenheiten. Im Mechelner Zimmer hängt dazu ein kleiner Rembrandt: die »Heilige Jungfrau mit Katze und Schlange«. *Mo–Fr 10–14, Sa, So 13–17 Uhr, Eintritt 5 Euro, Herengracht 497, Tram: 16, 24, 25, 1, 2, 5 (Leidsestraat)*

Koffie- en Theemuseum [112 C2]
1863 begann der Amsterdamer Kaufmann Antonius Geels mit allgemeinen Kolonialwaren zu handeln, um sich nach einiger Zeit auf Kaffee, Tee, Zucker und Gewürze zu spezialisieren. Sein Laden in der Warmoesstraat sieht heute noch beinahe so aus wie um 1900 und ist in fünfter Generation in Familienbesitz. Vor einigen Jahren wurde im ersten Stock ein kleines Museum eingerichtet: alte Kafferöster und Kaffeemühlen sowie allerlei antikes Kaffee- und Teezubehör. *Di, Sa 14–16 Uhr, Eintritt frei, Warmoesstraat 67, Metro: Nieuwmarkt, 5 Min. Fußweg vom Bahnhof*

Madame Tussaud's Panoptikum [112 B3]
Rembrandt, Anne Frank, Tina Turner und der Nikolaus – eine solche bunte Mischung bietet ein Wachsfigurenkabinett im Computerzeitalter. *Eintritt 17,50 Euro, tgl. 10 bis 18.30 Uhr, Dam 20, Tram: 4, 9, 14, 16, 24, 25, Dam*

Museum Het Schip [115 E1]
Mit Schiffen hat dieses Museum trotz seines Namens gar nichts zu tun. Benannt ist es nach dem Gebäude, in dem es untergebracht ist: einem Wohnblock von Michel de Klerk, dessen expressionistische Form an ein Schiff erinnert. Im Inneren des kurvig geschwungenen Backsteinbaus eine Ausstellung über die Architektur der Amsterdamer Schule. *Mi, Do und So 14–17 Uhr, Eintritt 2,50 Euro (MJK), Spaarndammerplantsoen 140, Bus: 22 (Spaarndammerplantsoen)*

Museum Van Loon [120 B1]
Dieses Patrizierhaus bietet die Chance, einmal zu sehen, wie die wohlhabende Familie eines Handelsherrn im 17. Jh. lebte. Im Auftrag eines flämischen Kaufmanns wurde es 1671/72 vom Architekten Adriaan Dortsman im klassizistischen Grachtenstil erbaut. Erster Mieter des Hauses war der Rembrandt-Schüler Ferdinand Bol. 1884 kaufte es Jonkheer Willem Hendrik van Loon. Blickfang: der Garten im

symmetrischen französischen Stil. *Fr–Mo 11–17 Uhr, Eintritt 4,50 Euro, Keizersgracht 672, Tram: 16, 24, 25 (Vijzelstraat)*

Insider Tipp **Pianola Museum** [115 F4]
Ein besonderes Museum ist das Tonarchiv für historische Musikinstrumente. Besucher können die alten Pianolas und historischen Musikautomaten nicht nur bewundern, sondern während der (seltenen) Konzerte auch hören. Stolz ist man auf die »Aelion Pipe Organ« der amerikanischen Firma Aelion. Es werden Konzerte für Kinder gegeben, und an jedem dritten Freitag im Monat findet ein Jazzabend statt. *So 13–17 Uhr und nach Vereinbarung, Tel. 627 97 24, Eintritt 3,75 Euro, Westerstraat 106, Tram: 14, 17, 20 (Westermarkt, dann zu Fuß Richtung Noordermarkt)*

Rembrandthuis [113 D4–5]
★ Anno 1606, im Geburtsjahr des Rembrandt van Rijn, wurde dieses Gebäude inmitten des Judenviertels errichtet. Gemeinsam mit seiner Frau Saskia zog der Maler 1639 in dieses Haus ein, musste es aber 1660 wieder verkaufen. Finanziell ruiniert, zog der Meister in das Armenviertel Jordaan. 245 der 290 Radierungen, die Rembrandt hinterließ, sind hier zu sehen. Die Technik des Radierens wird an Beispielen erklärt. Eindrucksvoll ist das Insider Tipp authentisch eingerichtete Atelier des Malers mit einer Sammlung von Requisiten. Die Räume sind im Stil des 17. Jhs. restauriert. *Mo–Sa 10–17, So 13–17 Uhr, Eintritt 7 Euro inkl. Hollandausstellung, Jodenbreestraat 4–6, Tram: 9, 14 (Mr. Visserplein), Metro: Waterlooplein*

Rijksmuseum [119 F2]
★ Das Rijksmuseum (»Staatsmuseum« wäre die angemessene deutsche Übersetzung) besitzt die umfangreichste Kunstsammlung der Niederlande. Aber das Museum zeigt neben der niederländischen Malerei des 17. Jhs. auch asiatische Kunst, Möbel und Kleider, italienische und spanische Malerei, Kunsthandwerk und Porzellan. Im Erdgeschoss finden hauptsächlich Wechselausstellungen statt. Hier sind auch Unikate zur Geschichte des Landes und der Republik ausgestellt, ferner die Sammlungen, die mit der Kolonialzeit zusammenhängen, sowie andere, die die Weltkriege dokumentieren. Das *Kupferstichkabinett,* in dem einige Hundert der rund eine Million Blätter

Atelier des Malers im Rembrandthuis

Museumslandschaft

Ein alter Platz mit neuem Gesicht: Museumplein

Mittelpunkt des Museumsviertels ist der Museumplein, der 1999 neu gestaltet wurde. Hier stehen die bekannten Kulturstätten des Landes: Concertgebouw (1888), Rijksmuseum (1885), Stedelijk Museum (1890) und Van Gogh Museum (1973) mit dreigeschossigem Anbau (1999). Den spektakulärsten Zugang zum Platz bietet der Tunnel, der von der Stadhouderskade aus unter dem Rijksmuseum durchführt. Dahinter liegt die riesige, von Spazier- und Radwegen durchschnittene Rasenfläche, an deren rechter Seite das Van Gogh Museum und das Stedelijk Museum stehen. Am gegenüberliegenden Ende des Platzes blickt man auf das altehrwürdige Concertgebouw und auf eine Ecke des Rasens, die hinter dem Stedelijk Museum schräg nach oben in die Luft ragt. Auf dem so genannten »Eselsohr« sitzen im Sommer junge Leute und müde Spaziergänger in der Sonne und genießen den weiten Blick über den Platz.

umfassenden Sammlung ausgestellt werden, hat einen gesonderten Eingang.

Zu den absoluten Höhepunkten des Museums gehört Rembrandts Gemälde der »Schützenkompanie des Hauptmanns Frans Banningh Kok«, besser bekannt als die »Nachtwache«. Die Auftraggeber waren 1642 mit Rembrandts Arbeit nicht zufrieden. Heute kommen jährlich Millionen Besucher aus aller Welt, um das Gemälde aus nächster Nähe zu sehen. Rembrandt ist mit 19 weiteren Bildern in der Ehrengalerie des Rijksmuseums vertreten. Darüber hinaus gibt es bekannte Meisterwerke von holländischen Malern wie Frans Hals, Jan Steen, Jacob van Ruisdael und Jan Vermeer zu sehen. Dichtes Gedränge herrscht stets vor Vermeers »Küchenmagd« (1660) und »Briefleserin« (1662–1664). Genrebilder wie diese bieten einen interessanten Einblick in die bürgerlichen holländischen Wohnstuben des 17. Jhs. – so auch Jan Steens »Morgentoilette« (1663) oder Pieter de Hoochs »Vorratskammer« (1660). So realistisch sie wirken mögen, den meisten Gemälden liegt eine moralische Botschaft zugrunde: Sie sollten vor Eitelkeit, Müßiggang oder Trunksucht warnen und zu einem tugendsamen Lebenswandel anhalten. Entworfen wurde das Rijksmuseum von Petrus Cuypers im verspielten Stil der niederländischen Neorenaissance.

Neben dem Südflügel liegt der Garten des Hauses mit Baufragmenten aus alten Zeiten, in dem man herumspazieren kann. Vor der »Ehrengalerie« im ersten Stock mit Information und Café werden Kunstbände, Postkarten und Souvenirs verkauft. Ursprünglich war das Rijksmuseum nur für etwa 250 000

Insider Tipp

Besucher pro Jahr angelegt, inzwischen kommen aber bis zu 2 Mio. Deshalb wird das Museum derzeit umgebaut und restauriert. Der Südflügel bleibt jedoch geöffnet, dort sind alle Meisterwerke weiterhin zu sehen. Ferner werden Wechselausstellungen in der Nieuwe Kerk präsentiert. *Tgl. 10–17 Uhr, Eintritt 8,50 Euro (MJK), Stadhouderskade 42, Tram: 2, 5 (Südflügel, Hobbemastraat), 6, 7, 10 (Spiegelgracht), Museumsboot, www.rijksmuseum.nl*

Scheepvaartmuseum **[117 D5]**

★ Rund 500 Schiffsmodelle, eine Vielzahl an Seekarten, Instrumenten, Atlanten, Waffen und Globen sind im *Schifffahrtsmuseum* ausgestellt. Die maritime Geschichte der Stadt und des Landes wird mit einer umfangreichen Sammlung im alten Arsenal der Admiralität dokumentiert. Das mächtige Bauwerk mit den vorspringenden, giebelbekrönten Mittelpartien wurde 1657 vom Stadtbaumeister Daniël Stalpaert in nur neun Monaten als Arsenal der Marine errichtet. 1791 brannte das Gebäude vollständig aus, seit 1981 dient es als Museum.

Die ruhmreiche maritime Geschichte der Niederlande wird auch in den gewaltigen Seestücken dargestellt und verherrlicht, z. B. in der »Seeschlacht von Gibraltar« (1622). In der ersten Etage ein Überblick über die Geschichte der Ostindischen Handelskompanie sowie niederländische Kriegsschiffe des 17. und 18. Jhs. Schiffe des 19. und 20. Jhs. finden sich in der zweiten Etage. Ein Buchladen ist spezialisiert auf Maritimes.

Am Anleger, über einen hölzernen Fußweg zu erreichen, dümpelt seit 1991 der Ostindienfahrer »Amsterdam«. Das dickbäuchige Schiff ist eine getreue Nachbildung der ersten »Amsterdam«, die auf ihrer Jungfernfahrt 1749 vor der englischen Küste im Sturm unterging – Insider Tipp

Nachbau des Ostindienfahrers »Amsterdam« beim Scheepvaartsmuseum

und dort noch heute im Schlick liegt. Der Dreimaster vermittelt recht gut, wie das Leben auf diesem 42,5 m langen Schiff gewesen ist. *Di–So 10–17 Uhr, Eintritt 7 Euro (MJK) inkl. »Amsterdam«, Kattenburgerplein 1, Bus: 22, 32, Museumsboot, www.generali.nl/scheepvaartmuseum*

Stedelijk Museum **[119 E2]**

★ Aus der städtischen Kunstsammlung wurde nach dem Krieg das Museum für Moderne Kunst. Das Gebäude, 1892–95 im Stil der Neorenaissance am Museumplein errichtet, beherbergt Werke von 1850 bis zur Gegenwart. Es besitzt eine umfangreiche Sammlung der »De Stijl«-Gruppe mit Piet Mondrian (1872–1944) und Theo van Doesburg (1883–1931), ferner eine große Kollektion des Russen Kasimir Malewitsch (1878–1935), späte Arbeiten von Henri Matisse, Meisterwerke von Picasso, Max Beckmann und Karl Schmidt-Rottluff und eine Sammlung moderner amerikanischer Maler. Ein weiterer Schwerpunkt liegt bei den französischen Impressionisten (Claude Monet, Auguste Renoir, Paul Cézanne), aber auch Marc Chagall und Ernst Ludwig Kirchner, Letzterer mit dem Werk »Nacktes Mädchen hinter dem Vorhang«, sind vertreten. Neben der Sammlung sind immer mindestens ebenso interessante Wechselausstellungen moderner Kunst zu sehen.

Insider Tipp

Ende 2003 bis voraussichtlich Herbst 2005 wird das Museum wegen Umbauarbeiten geschlossen sein. *Tgl. 11–17, im Sommer bis 18 Uhr, Eintritt 5 Euro (MJK), Paulus Potterstraat 13, Tram: 2, 3, 5, 12 (van Baerlestraat), Bus: 63 (Museumplein), www.stedelijk.nl*

Tropenmuseum **[121 E1]**

Als »Kolonialmuseum« wurde das Museum 1910 gegründet. Heute wird der Schwerpunkt bei den Ausstellungen auf die Dritte-Welt-Problematik gelegt. Das *Kindermuseum* im gleichen Haus wendet sich an die 6- bis 12-Jährigen. Regelmäßig China-Tage, Tanz- und Theateraufführungen. *Tgl. 10–17 Uhr, Eintritt 6,80 Euro, Linnaeusstraat 2, Tram: 6, 10, 9, 14 (Mauritskade), www.tropenmuseum.nl*

Van Gogh Museum **[119 E–F2]**

★ Außer dem Kröller Müller Museum in Otterlo die umfangreichste Sammlung von Werken des Künstlers. Auf allen Etagen wird der Großteil der 205 Gemälde van Goghs gezeigt, die dem Museum von der Familie des Künstlers vermacht wurden. Die Ausstellung folgt dem bewegten und tragischen Leben des berühmten Malers. Zu den Höhepunkten gehören neben diversen Selbstporträts und einer Version der »Sonnenblumen« auch die »Kartoffelesser«, das »Gelbe Haus«, das »Schlafzimmer« und das »Kornfeld mit Krähen«. Außerdem sind Werke von anderen Malern des 19. und frühen 20. Jhs. zu sehen. Das 1973 von Gerrit Rietveld erbaute Museum eröffnete 1999 einen drei Etagen hohen neuen Flügel, in dem Wechselausstellungen mit Kunst aus Van Goghs Zeit gezeigt werden. *Tgl. 10–18 Uhr, Eintritt 9 Euro (MJK), Paulus Potterstraat 7, Tram: 2, 3, 5, 12 (van Baerlestraat), www.vangoghmuseum.nl*

Verzetsmuseum Amsterdam **[117 D6]**

Das geschichtliche Museum dokumentiert Aktivitäten des Widerstandes gegen die deutsche Besatzung im Zweiten Weltkrieg bildhaft und stimmt nachdenklich. *Di–Fr 10–17, Sa, So 12–17 Uhr, Eintritt 4,50 Euro (MJK), Plantage Kerklaan 61, Tram: 7, 9, 20 (Plantage Kerklaan)*

Werfmuseum 't Kromhout [117 E6]
Nur wenige Hundert Meter vom großen Schifffahrtsmuseum entfernt können Sie eine Museumswerft besichtigen. Unter zwei gusseisernen Kuppeldächern, die als Industriedenkmal unter Schutz stehen, sind einige historische Motoren ausgestellt, und es wird ein Einblick in die Arbeit auf einer Schiffswerft im 19. Jh. vermittelt. *Di 10–15 Uhr, Eintritt frei, Hoogte Kadijk, 147, Bus 22, 32 (Wittenburgergracht)*

Willet Holthuysen Museum [112 C6]
Hinter der Fassade des Patrizierhauses aus dem Jahr 1687 wird das Erbe des Kunstsammlers Abraham Willet bewahrt. 1895 wurde das Haus der Stadt vermacht mit der Auflage, daraus ein Museum zu machen.

Willet hatte ziellos und vorrangig Kunsthandwerkliches gesammelt: deutsches Silber aus dem 16. und 17. Jh., vergoldete Bierkrüge aus Augsburg (1610), Gemälde von van Mieris und Tischbein, chinesische Vasen (im Blauen Salon). Der Garten wurde nachträglich symmetrisch im französischen Stil des 18. Jhs. angelegt. *Mo–Fr 10–17, Sa/So 11–17 Uhr, Eintritt 4 Euro, Herengracht 605, Metro: Waterlooplein, www.willetholthuysen.nl*

Woonbootmuseum [115 F5]
Das historische Wohnboot »Hendrika Maria« ist zu besichtigen. Es verfügt über *roefje* (Wohnzimmer), Küche, Toilette und Dusche. Im *roefje* wohnte früher der Schiffer mit seiner sechsköpfigen Familie. *Prinsengracht 296 (gegenüber der Elandsgracht), Nov.–Feb. Fr–So 11–17, März–Okt. Mi–So 11–17 Uhr, Eintritt 2,50 Euro, Bus: 170, 171, 172 (Marnixstraat), www.houseboatmuseum.nl*

Das Van Gogh Museum ziert seit 1999 ein moderner Anbau

PRIMEUR VOOR P
Magazine

Speisen in allen Sprachen

So kosmopolitisch die Stadt ist, so vielseitig gibt sich ihre Küche – von bodenständig bis exotisch

Neben einem bunten kulturellen Angebot gehört die sprichwörtliche internationale Küche zu den weiteren angenehmen Überraschungen Amsterdams. Und das ist gut so, denn die holländische Küche bietet wenig für den feinen Geschmack. Die Kartoffel, von Vincent van Gogh auf seinem Bild »Die Kartoffelesser« berühmt gemacht, bildet nach wie vor die Basis einer rein holländischen Küche, die mit »Spezialitäten« wie *hutspot* (Eintopf), *pannekoeken* (Pfannkuchen) oder etwa *erwtensoep* (Erbsensuppe) die Speisekarten zum Glück nicht mehr ganz beherrscht. Vor allem die indonesische und die chinesische Kochkunst – aber auch die Thai-Küche – zeichnen sich durch eine nuancenreiche Schärfe aus. Viele Restaurants bieten auch vegetarische Gerichte an.

Bekannt ist die Stadt für ihre Snackbars, *eetcafés,* Pizzerien und *broodjeswinkel,* in denen man belegte Brötchen kauft. Recht beliebt sind auch alle Sorten Hamburger. Frischen Matjes gibt es nur von Ende Mai bis Ende Juni (sonst kommt er aus der Kühltruhe). Der wirklich gute *Hollandse Nieuwe* muss silbern glänzen, nach Meer duften und darf am Grat nicht dunkelrot sein.

Traditionsreiches Café Américain

Auswärts essen ist in Amsterdam sehr beliebt geworden. Man merkt es daran, dass man in den bekannten und guten Restaurants rechtzeitig reservieren muss. Die Preise sind relativ hoch, die Qualitätsschwankungen manchmal groß.

Beeindruckend ist die Auswahl an Küchen aus dem asiatischen und mediterranen Raum, aber auch jene in den stadtbekannten *eetcafés,* in denen häufig ausgesprochen gut gekocht wird. Der neueste Modetrend ist die Fusionküche, eine Kombination westlicher und asiatischer Zutaten und Kochtechniken.

Weintrinken wird immer beliebter, doch auch in der Vergangenheit wurde den Amsterdamern schon eine Vorliebe für Bordeauxweine nachgesagt. Offene Weine in einfachen Lokalen sind dagegen oft von jener Qualität, die Kopfschmerzen bereitet. Daher wird dort vor allem Bier getrunken. Einheimische Marken wie Amstel oder Brandt geraten zurzeit aus der Mode und müssen modischen Importbieren wie Corona oder dem in Curaçao gebrauten Amstel Bright weichen.

Im Sommer sitzt man draußen

Café bedeutet im Niederländischen nicht Café in dem Sinne, wie wir es kennen – ein Café heißt hier *koffiehuis*. Café bedeutet Gaststätte, Kneipe, Lokal – aber eben typisch niederländisch. Besonders authentisch sind die *bruin cafés*, deren Wände und Decken braun sind. Das kann am Anstrich liegen, an einer alten Holzvertäfelung oder einfach an der im Lauf der Jahre nachgedunkelten Tapete. Traditionsreiche Lokale sind auch die *eetcafés*, in denen man gern abends und nachmittags sitzt und isst.

Geradezu einen Siegeszug haben jedoch die zumeist schweren belgischen Spezialbiere angetreten – wie das Antwerpener Koninck, ferner Palm, Vieux Temps, Dentergems und die Trappistenbiere. Überhaupt scheint sich die Amsterdamer Lebensart wieder stärker an der südniederländischen (und belgischen) Üppigkeit zu orientieren. »Rubens statt Rembrandt« lautet die Formel für das neue, auch als »burgundisch« gepriesene Lebensgefühl.

In den Restaurants werden Besucher an den Tisch gebracht, freie Platzwahl ist unüblich. In den Preisen sind Bedienung und Mehrwertsteuer enthalten, üblich sind rund zehn Prozent Trinkgeld, aber nicht mehr als 5 Euro – und unbedingt reservieren!

EETCAFÉS

Loetje **[119 F2]**
Lautes, stimmungsvolles *eetcafé* – hier gibt es die wohl besten *biefstuks* der Stadt. Zumindest meinen das die vielen Stammgäste. *So geschl., Johannes Vermeerstraat 52, Tel. 662 81 73, Tram: 2, 5 (Hobbemastraat),* €€

Morlang **[115 F6]**
Auch ein beliebtes *eetcafé*. Man trifft sich in einem prächtigen Grachtenhaus zum Lunch, Bier, Kaffee oder Abendessen. *Kein Ruhetag, Keizersgracht 451, Tel. 625 26 81, Tram: 1, 2, 5 (Keizersgracht),* €€

Restaurant Amsterdam **[115 D2]**
Ehemaliges Maschinenhaus der Wasserwerke vom Anfang des 20. Jhs. Kein typisches *eetcafé*, aber ein Platz mit schönem Ambiente. In den hellen Fabrikhallen trifft sich das modebewusste Amsterdam bei Steaks mit Fritten oder Hummer. 250 verschiedene Stühle. *Kein Ruhetag, Watertorenplein 6, Tel. 682 26 66, Tram: 10 (van Hallstraat),* €€

Smoeshaan **[115 E6]**
In diesem frohsinnigen *bruin café* versammeln sich sehr gern Theaterleute und deren Verehrer. Die Speisekarte ist dem recht unterschiedlichen Publikum angepasst: Man kann wählen zwischen einfachen Snacks und aufwändiger französischer Küche. *So/Mo geschl., warme Küche 17.30 bis 22 Uhr, Leidsekade 90, Tel. 625 03 68, Tram: 1, 2, 5, 6, 10 (Leidseplein), €€*

Villa Zeezicht **[112 A2]**
★ Kleines Café, vor dem man im Sommer sehr schön auf dem Multatuliplein über der Gracht sitzen kann. Köstliche *broodjes*, vor allen Dingen aber schlichtweg himmlische Appeltaart mit Zimteis. *Torensteeg 7, Tel. 626 74 33, Tram: 4, 9, 16, 24, 25 (Dam), €*

GRANDS CAFÉS

Bonneterie Grand Café **[112 B5]**
Ein schöner Treffpunkt zum Lunch, Café oder Champagner. Äußerst niveauvolle Atmosphäre. *Kein Ruhetag, Rokin 140, Tel. 626 88 00, Tram: 4, 9, 14, 24, 25*

Café Luxembourg **[112 A5]**
Populäre Adresse direkt im Zentrum eingerichtet im Art-déco-Stil mit Lesetafel. Terrasse. *Kein Ruhetag, Tel. 620 62 64, Spui 24, Tram: 1, 2, 5*

Café Wildschut **[119 F3]**
Treffpunkt mit einem Hauch Glamour an einem sehr stilvollen Platz. Eingerichtet mit Kinomöbeln der 1920er-Jahre. Terrasse. *Kein Ruhetag, RoelofHartplein, Tel. 676 82 20, Tram: 3*

MARCO POLO Highlights »Essen & Trinken«

★ **Villa Zeezicht**
Köstliche Appeltaart über der Gracht in entspannter Atmosphäre (Seite 49)

★ **Le Pêcheur**
Fischspezialitäten in luftiger Umgebung (Seite 51)

★ **Treasure**
Seit Jahren eine Hochburg der *dim-sum* im Herzen der Stadt (Seite 53)

★ **Van Vlaanderen**
Freundlicher Service und Köstlichkeiten auf Flämisch (Seite 53)

★ **Hoi Tin**
Riesenauswahl in der Chinatown (Seite 54)

★ **Moeders**
Holländische Hausmannskost (Seite 54)

★ **Morita-Ya**
Japanisch für Anfänger (Seite 54)

★ **Pata Negra**
Tapas wie in Spanien (Seite 55)

★ **Pheun Thai**
Stets duftet es hier nach frischem Koriander (Seite 55)

Die Gourmettempel von Amsterdam

Bordewijk **[115 F3]**
45 Plätze zählt das zeitgemäß eingerichtete Lokal von Wim Demandt. Die Grundrichtung ist französisch. Die kleine Karte bietet z. B. Lammfleisch, Bresse-Huhn und Muschelsuppe. Gute Käseauswahl, auch vegetarische Gerichte. Menü ab 32 Euro. *Mo geschl., Noordermarkt 7, Tel. 624 38 99, Tram: 13, 14, 17 (Westermarkt), dann 10 Min. Fußweg*

Christophe **[112 A2]**
Mit dem Michelin-Stern hat sich Amsterdams anspruchsvollster Koch, der Franzose Christophe Royer, bei den »trendy people« beliebt gemacht. Das Ambiente seines Restaurants ist ultramodern. Er kombiniert leichte Küche mit einem deftigen Touch vom Mittelmeer – eine Küche, die als »nouvelle rustique« umschrieben wird. Menü ab 60 Euro. *So/Mo geschl., Leliegracht 46, Tel. 625 08 07, Tram: 13, 14, 17 (Westermarkt)*

Ciel Bleu **[120 B4]**
In der 23. Etage des Okura Hotels kombiniert Ad Klaassen französische Kochkunst mit fernöstlichen Gewürzen und Raffinessen. Den Schwerpunkt bilden die faszinierenden Fischgerichte. Menü ab 45 Euro. *Kein Ruhetag, Ferdinand Bolstraat 333, Tel. 678 74 50, Tram: 24, 25 (Cornelis Troostplein)*

Halvemaan **[0]**
Serviert wird Urniederländisches, interessant kombiniert mit fernöstlichen Köstlichkeiten in wunderschöner Umgebung. Menü mit 5 Gängen um die 60 Euro. *Sa/So geschl., Van Leijenberghlaan 320, Tel. 08 00 02 24 47, Metro bis Zuid W. T. C.*

Dantzig **[112 C5]**
Insider Tipp Grand Café mit einer schönen Terrasse, direkt an der Amstel bei der Stopera gelegen. Leider ist das Essen nicht immer gut, aber schon der Ausblick lohnt einen Besuch. *Kein Ruhetag, Zwanenburgwal 15, Tel. 620 90 39, Tram: 9, 14 (Waterlooplein), Metro: Nieuwmarkt*

De Engel **[120 B3]**
Früher war der hohe Raum am Albert Cuypmarkt eine Kirche, später ein CD-Laden. Inzwischen versteckt sich hinter den Marktbuden ein Café mit großer Auswahl an Lesestoff und einem Restaurant auf der Galerie, das eine klassische Küche mit modernem Einschlag serviert. *Kein Ruhetag, Albert Cuypstraat 182, Tel. 675 05 44, Tram: 16, 24, 25 (Albert Cuypmarkt)*

De Jaren **[112 B5]**
Großes, helles, immer gut besuchtes Café mit Restaurant im Obergeschoss. Das Essen ist einfach, aber gut. Im Sommer sollten Sie einen Tisch auf der Terrasse reservieren: Von dort aus haben Sie einen herrlichen Blick über die Gracht und auf die Stadt. *Kein Ruhetag, Nieuwe Doelenstraat 20–22, Tel. 625 57 71, Tram: 4, 9, 16, 24, 25 (Muntplein)*

Vertigo [119 E2]
Restaurant und Café im Filmmuseum. Die Bedienung ist freundlich, das Essen mäßig. Toll ist die wohl beliebteste Terrasse in der Stadt: Bei schönem Wetter trinkt man sein Bier oder sein Wasser vor einer Traumkulisse. *Kein Ruhetag, Vondelpark 3, Tel. 612 30 21, Tram: 1, 2, 5, 6 (Leidseplein)*

Walem [115 F6]
Ungemein beliebt, vor allem wegen der guten Snacks, der leckeren Salate und der Fusionküche aus West und Ost. *Kein Ruhetag, Keizersgracht 449, Tel. 625 35 44, Tram: 1, 2, 5*

RESTAURANTS €€€

Blue Pepper [115 E6]
Indonesische Haute Cuisine, junges Publikum. Der Fokus liegt auf regionalen Spezialitäten des asiatischen Inselreichs. Auch die Atmosphäre trägt zum Erlebnis bei: cooles Design statt Asiakitsch, aber dementsprechend kein billiges Vergnügen. *Im Sommer Mo geschl., Nassaukade 366, Tel. 489 70 39, Tram: 7, 10 (Raamplein)*

Cirelli [113 D2]
Modisch-elegant. Vor allem die Vorspeisen sind sehr schmackhaft. *So geschl., Oudezijds Kolk 69 (am Zeedijk), Tel. 624 35 12, 10 Min. Fußweg vom Hauptbahnhof*

Insider Tipp **Le Garage** [119 F3]
Hollands TV-Koch Joop Braakhekke hält hier Hof, aber das Essen ist in seinem Lokal Nebensache – wenn auch die schönste: Auf den roten Plüschbänken und um die eng gestellten Tische geht es vor allem ums Sehen und Gesehen werden. Die klassisch-französische Speisekarte ist abwechslungsreich, die Weinkarte ausgewogen. *Kein Ruhetag, Ruysdaelstraat 54–56, Tel. 679 71 76, Tram: 5 (Concertgebouwplein)*

De Kooning van Siam [112 C3]
Eines der wenigen Thai-Restaurants mit freundlicher Bedienung. Neben einer guten Karte wird hier hervorragende Qualität geboten. Spezialität des Hauses ist pikantes *moe aroy* (Fleisch). *Kein Ruhetag, Oudezijds Voorburgwal 42, Tel. 623 72 93, Tram: 4, 9, 14, 16, 24 (Dam)*

Le Pêcheur [112 A6]
★ In dem Kutschenhaus eines Grachtengebäudes liegt dieses stilvolle Fischrestaurant. Bei Sonnenschein können Sie die schmackhaft zubereiteten Delikatessen auch in einem romantischen Garten genießen. Insider Tipp Spezialität ist der gedämpfte Heilbutt. *So geschl., Reguliersdwarsstraat 32, Tel. 624 31 21, Tram: 1, 2, 5 (Koningsplein)*

Sichuan Food [112 A6]
Das einzige chinesische Restaurant mit Michelin-Stern, was für manche nicht ganz nachvollziehbar ist; immerhin, es ist exotisch, edel, und die Pekingente und die *dim-sum* (kleine Happen) sind von guter Qualität. *Kein Ruhetag, Reguliersdwarsstraat 35, Tel. 626 87 75, Tram: 1, 2, 5 (Koningsplein)*

Takens [115 F5]
Edwin Takens, ein bekannter Name in der hiesigen Küche, kocht traditionell Französisch mit gewagten exotischen Ausflügen. Spezialität ist das Überraschungsmenü

Amsterdamer Spezialitäten

Lassen Sie sich diese Köstlichkeiten gut schmecken!

appeltaart – Apfelkuchen mit oder ohne Rosinen, mit oder ohne Ingwer

bami goreng – gebratene Nudeln, Huhn, Shrimps, Knoblauch, Chili und Gemüse

bitterballen – runde Fleischklöße, gefüllt mit einer Wurstfüllung, die mit Senf gegessen werden

erwtensoep – dicke Erbsensuppe mit geräucherter Wurst und Speck

eten uit de muur – Essen aus der Mauer – warme Kroketten oder bitterballen aus dem Automaten (z. B. bei Febo)

gado gado – gegarter Gemüsesalat mit Erdnusssoße

genever – aus Getreide und Wacholderbeeren gebrannter Schnaps, der echte wird bis zu 15 Jahre gelagert

hutspot – Eintopf, der zu gleichen Teilen meist aus Kartoffeln, Zwiebeln und Mohrrüben besteht

kermispoffertjes – Poffertjes ohne Rosinen

kroket – frittierte Kroketten, meist aus Kalb- oder Rindfleisch hergestellt

Limburgse Vlaai – Limburger Kuchen aus Brotteig, gefüllt mit Obst. Wird warm oder kalt serviert

nasi goreng – gebratener Reis mit Rind- oder Schweinefleisch, Pilzen und Sojasoße

nieuwe haring – frischer, roher, junger Hering, serviert mit Essiggurken und Zwiebeln im Mai und Juni

ontbijtkoek – kalorienreicher Frühstückskuchen mit Rosinen, gewürzt mit Vanille, Nelken und Muskat

pannekoeken – Pfannkuchen in Dutzenden von Variationen, z. B. *met Stroop* (mit dickem Sirup) oder *Spekpannekoeken* (Speckpfannkuchen), wird meist warm serviert

poffertjes – kleine, warme Pfannkuchen mit Rosinen, bestreut mit Puderzucker

speculaas – Kekse, gebacken mit Butter, braunem Zucker, Zimt und Gewürznelken. Werden nicht nur zu Weihnachten zum Kaffee gegessen

stamppot – Eintopf, der aus pürierten Kartoffeln, Gemüse und Würstchen besteht

uitsmijter – Imbiss aus Brot, Käse oder Schinken und Spiegelei

(ab 35 Euro). Kein Ruhetag, Runstraat 17d, Tel. 627 06 18, Tram: 1, 2, 5 (Spui)

Tom Yam Fusion Cuisine **[112 C5]**
Ganz in Weiß eingerichtetes Edelrestaurant. Trendige Fusionküche mit Schwerpunkt thailändischer Kochkunst. Im Obergeschoss kann man per Monitor das Treiben in der Küche beobachten. *So/Mo geschl., Staalstraat 22, Tel. 622 95 33, Metro Waterlooplein, Tram: 9, 14*

Treasure **[112 B2]**
★ Seit Jahren beliebter »Hauschinese«, der zur Spitzengruppe gehört. Köstlich sind die *dim-sum*-Gerichte, winzige Leckereien wie Krabben in Reispapier, gegrillte Ente oder *wan tan* (gefüllte Reisteigblätter) mit Rindfleisch gefüllt. Spezialitäten sind Haifischflossensuppe, Seezunge mit Ingwer und natürlich die Pekingente zu etwa 48 Euro, die einen Tag vorher bestellt werden muss. *Kein Ruhetag, Nieuwezijds Voorburgwal 115, Tel. 623 40 61 und 626 06 15, Tram: 1, 2, 5 (Nieuwezijds Kolk)*

Van Vlaanderen **[120 B2]**
★ Flottes, unkompliziertes Lokal im Wohnzimmerstil. Ab 20 Euro kann man hier Wild oder Fisch und andere Köstlichkeiten genießen. Die Portionen sind üppig, das Preis-Leistungs-Verhältnis ist ausgewogen und der Service zuvorkommend freundlich. *So/Mo geschl., Weteringschans 175, Tel. 622 82 92, Tram: 6, 7, 10 (Weteringschans)*

Yamazato **[120 B4]**
Im Hotelkoloss Okura finden Sie das beste japanische Restaurant der Stadt. Vorzügliche *tamagotufo* (Fischbouillon), *wagyu* (Rindfleisch) oder *yakitori* (Huhn mit Reis). *Kein Ruhetag, Ferdinand Bolstraat 333, Tel. 678 83 51, Tram: 25 (Cornelis Troostplein)*

RESTAURANTS €€

Albatros **[115 E4]**
Bei der Reservierung wird gefragt: »Raucher- oder Nichtrauchertisch?« Aufmerksam wird man auch während des Essens bedient. Nicht nur die Fischbouillon, alles, bis zum Tiramisu, ist vorzüglich. Fragen Sie auch nach den Tagesspezialitäten. Zu jedem Gericht die passende Weinempfehlung. Einrichtung etwas altmodisch. *So geschl., Westerstraat 264, Tel. 627 99 32, Tram: 3 (Marnixstraat)*

L'Angoletto **[120 C2]** Insider Tipp
Gemischtes Publikum in einem pizzeriaähnlichen Restaurant mit vorzüglicher süditalienischer Küche. Antipasti um 7 Euro, sehr köstlich abgeschmecktes Risotto. Die Hauptgerichte (jeden Tag frisch) stehen auf der Schiefertafel. Man sitzt eng an langen Tischen. *Keine Reservierung, Sa geschl., Hemonystraat 18, Tram: 4 (Houderskade)*

Annapurna **[120 B2]**
Hinter der Fassade eines Wohnhauses aus dem 17. Jh. steht ein Tandoori-Ofen in der Küche. Die indische Küche, es gibt täglich wechselnde Menüs, findet viele Liebhaber. *Kein Ruhetag, Utrechtsestraat 141, Tel. 622 03 03, Tram 4 (Utrechtsestraat)*

Balthazar's Keuken **[115 E5]**
Kleines Restaurant mit offener Küche und intimer Atmosphäre. Nur

drei Abende pro Woche geöffnet, Auswahl aus einem französisch angehauchten Fisch- und einem Fleischmenü um 23 Euro. *Sa–Di geschl., Elandsgracht 108, Tel. 420 21 14, Tram: 7, 10 (Elandsgracht)*

The Garlic Queen **[112 A5]**
Das romantische kleine Spezialitätenrestaurant liegt im Zentrum der Gayszene. Nicht allein die ca. 20 Hauptgerichte, auch das Dessert, Eiscreme, ist mit Knoblauch angemacht. Auch Vegetarier werden fündig. *Mo/Di geschl., Reguliersdwarsstraat 27, Tel. 422 64 26, Tram: 1, 2, 5 (Koningsplein)*

Girassol **[121 D5]**
Ein Portugiese, dessen Kochkunst nicht bei gegrillten Sardinen endet. Alles wird sorgfältig zubereitet. Besonders fein schmeckt die Vorspeisenplatte *acepipes variados*, köstlich die Venusmuscheln mit Schweinefleisch. Stammkundschaft gibt den Ton an. *Do geschl., Weesperzijde 135, Tel. 692 34 71, Metro: Wibautstraat*

Haesje Claes **[112 A5]**
Verwinkeltes, gemütliches Restaurant mit 220 Plätzen, die fast immer besetzt sind. Bei Touristen beliebt, die Qualität der Küche schwankt jedoch leider. *So geschl., Spui 273–275, Tel. 624 99 98, Tram: 1, 2, 5 (Spui)*

t'Heertje **[112 A1]**
Intimer Rahmen mit nur acht Tischen in einem historischen Grachtenhaus. Kleine, aber sehr feine Auswahl. *Di/Mi geschl., Herenstraat 16, Tel. 625 81 27, Tram: 1, 2, 5 (Nieuwezijds Kolk)*

Hoi Tin **[113 D2]**
★ Großes Restaurant in der Chinatown. Wer mittags kommt, sitzt zwischen ausgiebig tafelnden chinesischen Familien. Die Karte nimmt wenig Rücksicht auf den europäischen Gaumen und hält eine beinahe unübersichtliche Vielfalt an Spezialitäten bereit. Große Auswahl an *dim-sum. Kein Ruhetag, Zeedijk 122–124, Tel. 625 64 51, Metro: Nieuwmarkt*

Kantjil en de Tijger **[112 A3]**
Modern eingerichtetes indonesisches Speiserestaurant, das immer gut besucht ist. Man sitzt eng, es ist laut, die Auswahl an leckeren Gerichten ein Glücksspiel. *Kein Ruhetag, Spuistraat 291, Tel. 620 09 94, Tram: 1, 2, 5 (Spui)*

Moeders **[115 E5]**
★ Futtern wie bei Muttern – weshalb die Wände auch mit Hunderten Fotos von Müttern gepflastert sind. Auf der Karte steht traditionell Holländisches, aber auch das eine oder andere mediterrane Gericht. *Kein Ruhetag, Rozengracht 251, Tel. 626 79 57, Tram: 10, 13, 14, 17 (Marnixstraat oder Rozengracht)*

Morita-Ya **[113 D2]**
★ Japanische Essstube, in der Sushi (Reisröllchen mit Lachs, Thunfisch, Makrele) und zahlreiche Fleischgerichte angeboten werden. Spät am Abend kommen Karaoke-Mikrofone zum Vorschein. *Mi geschl., Zeedijk 18, Tel. 638 07 56, Tram: alle Linien (CS)*

Noa **[115 F6]**
Lounge mit Szenepublikum, köstliche asiatische Nudelsuppen. Die Bedienung ist manchmal etwas zu

sehr mit sich selbst beschäftigt. *Kein Ruhetag, Leidsegracht 84, Tel. 626 08 02, Tram: 1, 2, 5, 6, 7, 10 (Leidseplein)*

Oceaan **[0]**

Cool eingerichtetes Restaurant auf dem Borneo-Eiland mit schöner Terrasse am Wasser. Moderne internationale Küche, von thailändischen Suppen bis hin zu holländischen Miesmuscheln. Manchmal schläft die Bedienung etwas. *Kein Ruhetag, R. J. H. Fortuijnplein 29, Tel. 419 00 20, Bus: 39, 59*

Pata Negra **[120 B1]**

★ Spanien in Amsterdam: Wer durch die Tür dieses lauten, hektischen, immer vollen Tapas-Restaurants tritt, fühlt sich plötzlich wie in Sevilla. Von der Decke hängen Schinken, darunter stehen einfache Holzbänke, der Wein wird in Tonkrügen serviert. *Kein Ruhetag, Utrechtsestraat 124, Tel. 422 62 50, Tram: 4 (Prinsengracht)*

Pheun Thai **[113 D3]**

★ Rund um die alte Stadtwaage am Nieuwmarkt gibt es eine große Auswahl an chinesischen und thailändischen Restaurants. Im Pheun Thai ist man freundlich, die Portionen sind reichlich und die Gerichte delikat. Auch Vegetarisches. *Kein Ruhetag, Hobbemakade 71, Tel. 427 45 37, Tram: 3, 12 (Ruysdaelkade)*

Sahid Jaya **[112 A6]**

Reistafel genießen im abendlichen Ausgehviertel. Stövchen halten die Schalen und Schälchen mit *gulai kambing*, Ziege mit Zitrone, warm. Es gibt auch Vegetarisches, auf die Desserts kann man aber verzichten. Besuchen Sie das Haus am besten, wenn Sie bei gutem Wetter im Garten speisen können. *Kein Ruhetag, Reguliersdwarsstraat 26, Tel. 626 37 27, Tram: 1, 2, 5 (Koningsplein)*

Insider Tipp

Sjaalman **[115 F5]**

Beliebter moderner Laden, in dem thailändische Kost zu bezahlbaren Preisen serviert wird. Flotter Service. *Kein Ruhetag, Prinsengracht 178, Tel. 620 24 40, Tram: 13, 14, 17 (Westermarkt)*

Sukasari **[112 B3]**

Unscheinbares, ein wenig trist eingerichtetes Restaurant, aber die einfachen indonesischen Gerichte überzeugen noch. *Saté* ist ein Klassiker. *So geschl., Damstraat 26/28, Tel. 624 00 92, Tram: 4, 9, 16, 24, 25 (Dam)*

Yam Yam **[115 E4]**

Hier gibt es die beste Pizza von Amsterdam, wenn sie auch etwas teurer ist. Hauchdünne Böden, belegt mit Rucola, Parmaschinken oder Steinpilzen. Ein Muss ist das hausgemachte Eis mit Pistazien und Honig als Dessert. *Mo geschl., Frederik Hendrikstraat 90, Tel. 681 50 97, Tram: 3 (Frederik Hendrikplein)*

Insider Tipp

Zet Isie **[112 A6]**

Die mit Holztischen ausgestattete, einfache Einrichtung wird mit Blumen und Schalen mit Obst aufgelockert. Gekocht wird mediterran. Spezialitäten des Hauses: Angus Entrecote, Kabeljau mit Oliven und Knoblauch und eine schmackhafte Gemüsesuppe. Die Desserts, etwa das Tiramisu, sind hausgemacht. *So/Mo geschl., Reguliersdwarsstraat 23, Tel. 623 42 59, Tram: 1, 2, 5 (Muntplein)*

Die große Zeit des Bahnreisens klingt noch an: Grand Café 1 e Klas

Le Zinc ... et les Autres **[120 B1]**
Nach kürzlichem Führungswechsel wird hinter der Fassade des ehemaligen Lagerhauses wieder bodenständig französisch gekocht – und das besser als je zuvor. *So geschl., Prinsengracht 999, Tel. 622 90 44, Tram: 4 (Utrechtsestraat)*

RESTAURANTS €

Insider Tipp **Bird** **[113 D2]**
Die Wände zieren Fotos des thailändischen Königspaars, aus der Stereoanlage quakt Asiapop. Dieses Takeaway ist vor allem bunt, laut und lustig. Nicht verwechseln mit dem gleichnamigen, aber viel teureren Restaurant gegenüber! *Kein Ruhetag, Zeedijk 77, Tel. 420 62 89, Metro: Nieuwmarkt*

Bolhoed **[115 F4]**
Geboten wird eine Auswahl an vegetarischen Pasteten. Salatbar, originell möbliert. *Kein Ruhetag, Prinsengracht 60, Tel. 626 18 03, Tram: 13, 14, 17, 20 (Westermarkt)*

Caprese **[112 B2]**
Man sitzt zwar eng, aber gemütlich in diesem einfachen italienischen Speiselokal. Gute Pastagerichte. *So geschl., Spuistraat 259, Tel. 620 00 59, Tram: 1, 2, 5 (Spui)*

Catala Tapas Bar **[112 A5]**
Sehnsucht nach Spanien? Winzige katalonische Tapas-Bar, einige Vorspeisen sind teurer als die untere Kategorie. Gut besucht. *Keine Reservierung, So geschl., Spuistraat 299, Tram: 1, 2, 5 (Spui)*

Esprit Café **[112 A5]**
Treffpunkt für coole und trendbewusste Leute. In modernem Ambiente werden schmackhafte Salate serviert. Große Terrasse. *Kein Ru-*

hetag, Spui 10, Tel. 622 19 67, Tram: 1, 2, 5 (Spui)

Grand Café 1e Klas **[113 D1]**
Es gibt wohl kaum einen angenehmeren Treffpunkt als das Café im Stil des Fin de siècle. Im vorderen Teil kann man sich bei Kaffee und Apfelkuchen die Zeit vertreiben. An weiß gedeckten Tischen gibt's die wohl teuersten Hamburger der Stadt. *Tgl. 9.30–22 Uhr, Centraal Station, Gleis 2 b, Tel. 625 01 31*

Kamer 401 **[115 E6]**
Trendiges, doch trotzdem gemütliches Loungerestaurant, in dem man nach dem Essen bis in die Nacht hinein sitzen bleiben kann. *Kein Ruhetag, Marnixstraat 401, Tel. 320 45 80, Tram: 1, 2, 5, 6, 7, 10 (Leidseplein)*

Semhar **[115 E3]**
Beim Äthiopier werden die pikanten Gerichte nicht mit Besteck, sondern mit einem Stück Pfannkuchen in der Hand gegessen. Lecker hinterher: ein Mokka mit Weihrauch. *Kein Ruhetag, Marnixstraat 259–261, Tel. 638 16 34, Tram: 10 (Westerstraat)*

Le Soleil **[116 A6]**
Auch wenn es von außen so aussieht: Dies ist keinesfalls der zigste Antiquitätenladen in der Nieuwe Spiegelstraat, sondern ein günstiges, aber gutes Pfannkuchenhaus. *Kein Ruhetag, Nieuwe Spiegelstraat 56, Tel. 622 71 47, Tram: 16, 24, 25 (Vijzelgracht)*

Song Kwae **[113 D3]**
Thailändische Gerichte für alle, die gern scharf essen. Tellergerichte ab 6 Euro. *Kein Ruhetag, Kloveniersburgwal 14, Tel. 624 25 68, Metro: Nieuwmarkt*

Soup en zo **[113 D5]**
Neben den angesagten Sushitreffs liegen die Suppenküchen zurzeit im Trend. Stets wechselndes Angebot mit qualitätsreichen, frischen Zutaten und Takeaway-Service. *Kein Ruhetag, Jodenbreestraat 94a, Tel. 422 22 43, Metro: Waterlooplein*

Tjin's Broodjes **[120 B2]**
Einfacher Stehimbiss mit einer großen Auswahl an exotisch belegten Brötchen *(surinaamse broodjes). So geschl., Van Woustraat 17, Tel. 673 57 71, Tram: 20 (Albert Cuypmarkt)*

Tujuh Maret **[120 B2]**
Einfaches Restaurant für nur 20 Gäste. Die Atmosphäre ist freundlich und die Reistafel empfehlenswert. Spezialität: der selten geerntete Luwakkaffee zum Schluss. *Mo geschl., Utrechtsestraat 73, Tel. 427 98 65, keine Kreditkarten, Tram: 4 (Herengracht)*

De Waaghals **[119 F2]**
Phantasievolle vegetarische Küche mit Einflüssen aus der Karibik und Italien. Wechselnde Karte, im Sommer kann man draußen speisen. *Mo geschl., Frans Halsstraat 29, Tel. 679 96 09, keine Kreditkarten, Tram: 16, 24, 25 (F. Bolstraat)*

Zushi **[112 B5]**
Sushibar mit Fließband, auf dem Teller mit Sushi vorbeifahren. Zugreifen, essen und zahlen. *Portion 4–5 Euro, keine Reservierung, kein Ruhetag, Amstel 20, Tram: 4, 9, 16, 24, 25 (Muntplein)*

Von Hippiemode bis Kunstobjekt

Den Charme dieser Stadt als Einkaufsziel machen die »winkels«, die kleinen Geschäfte, aus

Amsterdam ist ein echtes Shoppingparadies. Es gibt nichts, was es nicht gibt. Die Geschäfte im Zentrum sind auch sonntags von 12 bis 17 Uhr offen, und die Verkäufer bleiben selbst bei großem Gedränge erstaunlich freundlich. Das Zentrum des Einkaufsreviers erstreckt sich über Dam, Rokin, Kalverstraat bis hin zum Leidseplein. In dem lang gestreckten Rechteck zwischen Singel und Prinsengracht findet jedermann das, was er sich schon immer zu kaufen gewünscht hat. Im noblen Museumsviertel, in der van Baerlestraat und in der P. C. Hooftstraat haben sich die teuersten Boutiquen angesiedelt. Weitere Einkaufsstraßen sind Haarlemmer- und Utrechtsestraat sowie das Viertel zwischen Rozengracht und Leidsestraat.

Den Charme der Stadt als Einkaufsziel machen jedoch die *winkels,* die kleinen Ladengeschäfte aus. Auffallend die Vielzahl von Läden, die auf den Verkauf von Dingen wie Kunstkarten, Kurzwaren, Kochbücher, Briefpapier, Zahnpflegeartikel oder auch wertvolle Uhren spezialisiert sind.

Das Warenhaus Bijenkorf am Dam ist ein eleganter Konsumtempel

Ein Strauß gefällig?

Die Geschäfte sind im meist von 9 bis 18 Uhr geöffnet, die Supermärkte schließen um 20 Uhr. Am Donnerstag werden die Türen erst um 21 Uhr verriegelt, der lange Samstag ist eine ständige Einrichtung. Montagmorgens öffnen viele Geschäfte erst gegen Mittag. Manche Antikhändler und Juweliere lassen Kunden aus Sicherheitsgründen erst nach Verabredung oder Klingeln herein.

ANTIQUITÄTEN

Für Liebhaber alter und kostbarer Dinge ist Amsterdam ein Einkaufsparadies. Schauen Sie rund um die Spiegelstraat und am Rokin.

Amsterdams Antiques Gallery [120 A1]
Elf Antiquitätenhändler zeigen ihre Schätze unter einem Dach. Für eine

erste Orientierung die richtige Adresse. *Nieuwe Spiegelstraat 34, Tram: 16, 24, 25 (Vijzelgracht)*

Anouk Beerents [115 F5]
★ *Das* Geschäft in Amsterdam für Spiegelfetischisten. Anouk Beerents, selbst eine begeisterte Sammlerin, verkauft antike – meist französische – Spiegel aus den vergangenen drei Jahrhunderten. Sie Stücke hängen an Ketten von der Decke. *Prinsengracht 467, Tram: 1, 2, 5*

Eduard Kramer [120 A1]
Hier gibt es Fliesen von 1630, aber auch solche aus jüngerer Zeit. Die älteste stammt von 1540. *Nieuwe Spiegelstraat 64, Tram: 16, 24, 25 (Vijzelgracht)*

BÜCHER & ANTIQUARIATE

Athenaeum [112 A5]
Einer der ganz großen Buchläden der Stadt. Gutes Sortiment an Wissenschaftsliteratur. Zeitungsladen mit fast allen ausländischen Titeln. Sonntags geöffnet. *Spui 14–16, Tram: 1, 2, 5 (Spui)*

Boekenmarkt [112 C4–5]
In einer Passage aus dem 18. Jh. reiht sich ein Antiquariat an das andere. Der ★ Markt bietet bibliophil Interessierten viel Ramsch, aber auch manche Kostbarkeit. *Oudemanhuipoort, Tram: 4, 9, 14, 16, 24, 25 (Rokin)*

De Kloof [112 C4]
Vierstöckiges Antiquariat. Fast jedes Fachgebiet, man muss nur das tun, was hier den meisten Spaß macht: suchen. *Kloveniersburgwal 44, Metro: Nieuwmarkt*

Lambiek [119 F1] Insider Tipp
Größter und bestsortierter Comic-Shop – auch antiquarische Hefte. Souvenirs. *Kerkstraat 78, Tram: 1, 2, 5, 6 (Leidseplein)*

De Slegte [112 B4]
★ Der große Ausverkauf an verramschter Literatur, Kunst und Geschichte. Kostbare Einzelstücke. Bücherwürmer langweilen sich hier nicht. *Kalverstraat 48–52, alle Tramlinien (Dam)*

DELIKATESSEN

De Kaaskamer [115 F5–6]
Schon vor der Tür stapeln sich die Goudaräder. Drinnen gibt es Käse aus aller Welt, am spannendsten sind jedoch lokale Spezialitäten wie junger Gouda mit Senfsamen oder Ziegenkäse mit Brennnesseln. *Runstraat 7, Tram 1, 2, 5 (Spui)*

Madame de Pompadour [115 F5] Insider Tipp
Köstliche Torten und selbst gemachte Pralinen – ein Erlebnis für jeden Schokoladengourmet und ein süßes Mitbringsel. Auch kleines Café mit wenigen Tischen. *Huidenstraat 12, Tram: 1, 2, 5 (Spui)*

Puccini [112 C5]
★ Nichts für Leute auf Diät: Hier gibt es köstliche selbst gemachte Pralinen in ausgefallenen Geschmacksrichtungen. Auch Café. Eine weitere Filiale gibt es am Singel 184. *Staalstraat 17, Tram: 4, 9, 14, 24, 25 (Muntplein)*

GALERIEN

In einer Stadt, in der rund 2000 Künstler arbeiten, gibt es zahlreiche

Galerien, in denen sie ihre Werke ausstellen können. Darüber hinaus existiert ein lebhafter Kunsthandel.

Insider Tipp

Animation [115 F5]
Manches schöne Stück aus Zeichentrickfilmen gibt es hier zu sehen und zu kaufen. Bücher, Comics, Zeichnungen. *Nieuwendijk 91, Tram: 1, 2, 5, 13, 17 (Kolk)*

Galerie Fons Welters [115 E5]
Hauptsächlich zeitgenössische niederländische Künstler werden ausgestellt. *Bloemstraat 140, Tram 13, 14, 17 (Westermarkt)*

Reflex Galerie [119 F2]
Ungewöhnliche zeitgenössische Fotokunst bildet den Schwerpunkt dieser Galerie gegenüber dem Rijksmuseum. *Weteringschans 79 a, Tram: 6, 7, 10 (Spiegelstraat)*

GENEVER

A. van Wees [115 F3]
Geneverbrennerei im Jordaan, auf die die Amsterdamer stolz sind. 16 Genever und etwa 60 Liköre werden verkauft. *Mo–Fr 9–17 Uhr, Driehoekstraat 10, Tel. 626 77 52*

KAUFHÄUSER

Bijenkorf [112 B3]
Das größte Kaufhaus der Stadt mit großer Modeabteilung. Auch extravagante Möbel. *Dam 1, Tram: alle Linien (Dam)*

Kalvertoren [112 B5]
★ Überdachtes Einkaufszentrum mit teils exklusiven Geschäften. Das Besondere aber ist das Café auf dem Dach mit kostenlosem Panoramablick über Amsterdam. *Kalver-*

MARCO POLO Highlights »Einkaufen«

★ **Anouk Beerents**
Üppig mit Gold verzierte französische Spiegel (Seite 60)

★ **Boekenmarkt**
Manche Leseratte fand hier ein preiswertes Stück (Seite 60)

★ **De Slegte**
Die größte Auswahl an antiquarischen Büchern, auch wertvolle Stücke (Seite 60)

★ **Puccini**
Besonderes Mitbringsel: feine Pralinen (Seite 60)

★ **Kalvertoren**
Blick über die Stadt bei Kaffee und Kuchen (Seite 61)

★ **Magna Plaza**
Teure Boutiquen hinter denkmalgeschützten Mauern (Seite 62)

★ **Bloemenmarkt**
Der letzte schwimmende Markt in Amsterdam – allein der Duft betört (Seite 63)

★ **Hajenius**
Für alle, denen das Rauchen noch Spaß macht (Seite 65)

Reizvoll die »winkels« – wie zum Beispiel das Brillenmuseum

straat/Heiligeweg, Tram: 1, 2, 5 (Koningsplein)

Magna Plaza **[112 A3]**
★ In der ehemaligen Hauptpost steckt heute das luxuriöseste Kaufhaus von Amsterdam. Boutiquen, Cafés und Kosmetikläden erstrecken sich auf vier Etagen. *Nieuwezijds Voorburgwal 182, Tram: 1, 2, 5 (Magna Plaza)*

KLEIDUNG & MODE

La Folie **[115 F2]**
Verkauft werden Theaterkleidung und Secondhandklamotten für Erwachsene und Kinder. Letztere erfreuen sich an Prinzesinnenröcken, Indianerkostümen und Hexenhüten. *Mo–Sa 13–18 Uhr, Haarlemmerdijk 10 (5 Min. Fußweg vom Hauptbahnhof)*

Giamboi **[115 F5]**
Giacomo und seine holländische Frau Brigitte verkaufen italienische Markenmode für Damen und Herren. *Hartenstraat 20 A, Tram: 1, 2, 5 (Spui)*

Gimmicks **[119 E2]**
Von der Edeljeans bis zum Platinring findet man hier angesagte Mode und Design der gehobenen Preisklasse. *P. C. Hoofdstraat 34, Tram: 2, 5 (Hobbemakade)*

Laundry Industry **[112 B5]** Insider Tipp
Holländisches Label, dessen Kollektion schöne Basics, aber immer auch ein paar ausgefallenere Stücke umfasst. *Spui 1, Tram: 4, 9, 16, 24, 25 (Rokin)*

Megazzino **[115 E5]**
Das Outletgeschäft mit seinen 600 m² gehört zu den größeren Läden für exklusive Kleidung. Hier finden Sie eine gute Auswahl an italienischer Mode zu reduzierten Preisen. *Rozengracht 207, Tram 14, 17, 20, (Rozengracht)*

De Mof **[116 A3]**
Traditionsreicher Laden, der Arbeitskleidung anbietet. *Haarlemmerdijk 109, 10 Min. Fußweg vom Hauptbahnhof*

De Petsalon **[115 F5]**
Hüte gibt's hier für jedes Temperament. *Hartenstraat 3, Tram: 13, 14, 17 (Spui)*

Razzmatazz **[115 F5]**
Hier finden Sie ausgeflippte Mode von Avantgardedesignern wie Vivienne Westwood oder Walter van Beirendonck. *Wolvenstraat 19, Tram: 1, 2, 5 (Spui)*

Reflections Casuals [119 E2]
Extravagante Mode mit Namen wie Yamamoto, Gaultier, Dolce & Gabbana. *P. C. Hooftstraat 62, Tram: 2, 3, 5, 12 (van Baerlestraat)*

Zipper [113 D4]
Ausgefallene Secondhandkleidung aus den USA. *Nieuwe Hoogstraat 10, Metro: Nieuwmarkt*

KOSMETIK

Lush [112 B4]
Der englische Kosmetikkonzern verkauft seine Produkte wie Delikatessen: Badesalz, mit dem sich das Wasser türkis färbt; wie Sushi aufgerollte Seife und Shampoo in der Form von Donuts. Die Handseife kann man grammweise kaufen. *Kalverstraat 98, Tram: 4, 9, 14, 16, 24, 25 (Dam)*

KURIOSES

Brillenmuseum [115 F5]
Der Name täuscht: Im Brillenmuseum wird nicht nur die Geschichte der Sehhilfe erläutert, sondern es stehen vor allem über 1000 antike bis moderne Modelle zum Verkauf. *Gasthuismolensteeg 7, Tram: 1, 2, 5 (Spui)*

Kitsch Kitchen [115 F4]
Hier ist alles kreischend bunt und wild gemustert. Inhaberin Ingelies importiert und vertreibt erfolgreich witzige Haushaltsartikel aus Dritte-Welt-Ländern. *Eerste Bloemdwarsstraat 21–23, Tram: 13, 14, 17 (Westermarkt)*

De witte tanden winkel [115 F5]
Wer noch immer nach der ausgefallensten Zahnbürste sucht, wird hier unter Garantie fündig – ein *winkel*, in dem es nur Zahnbürsten gibt. *Runstraat 5, Tram 13, 14, 17 (Westermarkt)*

MÄRKTE

Bloemenmarkt [112 A–B5]
★ Ein Erlebnis nicht nur für Blumenfreunde ist Europas einziger schwimmender Blumenmarkt. Er ist zwar längst kein Geheimtipp mehr, aber allein der Duft der 1000 Blüten ist einen Besuch wert. *Mo–Sa 9.30–17 Uhr, Singel, Tram: 1, 2, 4, 5 (Koningsplein); 9, 14, 16, 24, 25 (Muntplein)*

Waterloopleinmarkt [113 D5]
Der Flohmarkt ist, obwohl recht touristisch ausgerichtet und ziemlich teuer, sehenswert. Immer wie-

Trödel auf dem Waterloopleinmarkt

Schlafen in der Grachtenstadt

Für jeden Geschmack etwas – die Auswahl reicht von der Royal Suite bis zum Bett im Wohnboot

Ein preiswertes Hotel zu finden, ist in Amsterdam nicht gerade einfach, obwohl die Stadt rund 350 Hotels mit insgesamt 34 000 Betten zählt. Angenehme und romantische Hotels sind rar, unter 90 Euro ist selten eine gute Unterkunft zu finden. Zahlreiche Reisende beklagen, dass sie auch für ein einfaches Zimmer exorbitant viel bezahlen müssen – das Preis-Leistungs-Verhältnis stimmt in der Grachtenstadt schon lange nicht mehr.

Wer nicht in den Kettenhotels absteigen will, findet eine – wenn auch bescheidene – Anzahl von individuellen Adressen. Es muss aber rechtzeitig, d. h. von März bis Oktober möglichst Wochen oder gar Monate im Voraus gebucht werden. Abgesehen vom Preis ist vor allem die Lage ein wichtiger Faktor bei der Auswahl der Unterkunft. Die beliebtesten Hotels liegen am Grachtengürtel, im Zentrum und im Museumsviertel, und das schlägt sich natürlich auf die Preise nieder. Im Museumsviertel sind die Hotels meist in vornehmen Wohnhäusern aus dem 19. Jh. untergebracht, in der Innenstadt in schmalen Grachtenhäusern. Die dortigen Zimmer sind romantisch, aber auch eng und in den oberen Stockwerken nur über schmale, sehr steile Treppen zu erreichen.

Im Grand Hotel Krasnapolsky gibt sich auch die Prominenz ein Stelldichein

Amsterdamer Hotels haben Doppel-, Einzel- und Dreibettzimmer. Die Zimmerpreise verstehen sich inklusive Mehrwertsteuer, in den mittleren Häusern ist das Frühstück oft im Preis inbegriffen, in den besseren Hotels versteht sich der Preis ohne Frühstück. Das Frühstück besteht meist aus Brot, Brötchen, Marmelade, Wurst und Käse. In zahlreichen Hotels wird bereits das große Frühstücksbuffet aufgebaut.

Fragen Sie bei der Buchung auch nach Parkmöglichkeiten: Autofahren und Parkplatzsuche in der Innenstadt bedeuten unnötigen Stress. Das Parken auf der Straße ist in der Innenstadt unglaublich teuer. Wer kein gültiges Parkticket hat, muss mit einer Kralle am Reifen rechnen. Manche Hotels bieten Parkpermits an oder haben Sonderkonditionen bei Parkhäusern in der Nachbarschaft. Alle Hotels, wenn nicht anders angegeben, akzeptieren die gängigen Kreditkarten wie Visa/Mastercard, Eurocard.

Die Zimmer können entweder direkt oder über das *Amsterdam Reservation Center, Tel./Fax 0031/ 777 000 888, www.amsterdamtourist.nl* gebucht werden. Unter *www.amsterdam.hotelguide.net* finden Sie weitere Informationen über Amsterdamer Hotels, die Sie online buchen können.

HOTELS €€€

Amsterdam Centre **[117 E1]**
★ Komfortables Hotel in dem Haus, das für die Teilnehmer der Olympiade von 1928 errichtet wurde. Die Zimmer sind geschmackvoll eingerichtet und recht geräumig. *310 Zi., Stadhouderskade 7, Tel. 685 13 51, Fax 685 15 16, Tram: 1, 2, 5, 6, 10 (Leidseplein)*

Bilderberg Garden Hotel **[119 E4]**
Dieses moderne Haus steht im architektonisch interessanten Stadtteil Oud West, der für seine Gebäude im Stil der Amsterdamer Schule bekannt ist. Die komfortablen, zweckmäßig eingerichteten Zimmer sind farbenfroh gestaltet. Mit dem *Restaurant Kersentuin* (Kirschgarten) verfügt das Haus über eine anspruchsvolle und immer auch gut besuchte Adresse. *98 Zi., Dijsselhofplantsoen 7, Tel. 664 21 21, Fax 679 93 56, www.bilderberg.nl, Tram: 5, 24 (Beethovenstraat)*

Crowne Plaza **[112 C1]**
Komfortables und luxuriöses Haus im Zentrum. Die Zimmer sind mit Geschmack eingerichtet. *270 Zi., Nieuwezijds Voorburgwal 5, Tel. 521 17 37, Fax 620 11 73, www.crowneplaza.nl, 5 Min. Fußweg vom Hauptbahnhof*

Grand Hotel Krasnapolsky **[112 B3]**
Johannes Brahms war begeistert, Paul Verlaine schrieb ins Gästebuch: »verblüffend«. So beschrieben Komponist und Dichter das Traditionshotel gegenüber dem königlichen Palast im Zentrum. Von außen sieht es zwar nicht gerade unverwechselbar aus, aber dank seines Komforts, der gepflegten Atmosphäre und des erstklassigen Service wird es zu den großen Häusern der Stadt gezählt. Der Wintergarten von 1879 wurde im Art-déco-Stil renoviert und ist Amsterdams schönster Frühstückssaal. Insider Tipp Diesen Wintergarten, in dem bereits Gustav Mahler frühstückte, überwölbt eine ca. 14 m hohe Glaskuppel. *469 Zi., Dam 9, Tel. 554 91 11, Fax 622 86 07, www.krasnapolsky.nl, Tram: 1, 2, 5, 13, 14, 24, 25 (Dam)*

Hotel Américain **[119 F1]**
Bekanntes Hotel im Art-déco-Stil, liegt unübertroffen zentral am Leidseplein. Das 1902 erbaute Gebäude wurde vor einigen Jahren modernisiert. Schönes Art-déco-Café. *188 Zi., Leidsekade 97, Tel. 556 30 00, Fax 556 30 01, www.amsterdam-american.crowneplaza.com, Tram: 1, 2, 5, 6, 7, 10 (Leidseplein)*

Inntel Centre **[112 B2]**
Auf historischem Platz und mitten im Einkaufszentrum ein kühles, zweckmäßiges Haus. Der im Sommer 1996 eröffnete Bau mit den angeklebten Ziegeln ist in der Stadt umstritten. Funktionelle und helle Zimmer, Hauptbahnhof und Zentrum um die Ecke. Tiefgarage am Kolk. *236 Zi., Nieuwezijds Kolk*

19, Tel. 530 18 19, Fax 422 19 19, Tram 1, 2, 5 (Kolk)

Marriott **[119 E1]**
Das moderne, effiziente Hotel liegt unweit des Leidseplein. Die Zimmer sind komfortabel, und ihre Bewohner können einen Blick auf den Platz werfen. Überdachte Terrasse. *392 Zi., Stadhouderskade 12, Tel. 607 55 55, Fax 607 55 11, Tram: 1, 2, 5, 6, 7, 10 (Leidseplein)*

Memphis **[119 E3]**
Das gepflegte Haus liegt zentral im Museumsviertel. Die meisten der 74 Zimmer sind familiär und gemütlich gestaltet. Sogar eine Hosenpresse gibt es. *De Lairessestraat 87, Tel. 673 31 41, Fax 673 73 12, www.memphishotel.nl, Tram: 2 (J. Obrechtstraat)*

N. H. Doelen **[112 B6]**
Der angegraute Traditionsbau steht genau an der Stelle, wo Rembrandt seine »Nachtwache« malte. Buchen Sie ein Zimmer mit Amstelblick! *86 Zi., Nieuwe Doelenstraat 24, Tel. 554 06 00, Fax 622 10 84, www.nh-hotels.com, Tram: 4, 9, 14, 16, 24, 25 (Muntplein)*

N. H. Schiller **[112 C6]**
Traditionsreiches Haus aus dem Jahr 1892 inmitten des Amsterdamer Ausgehviertels. Der frühere Künstlertreffpunkt ist wegen seiner Lage und gelungenen Modernisierung beliebt. Besuchen Sie auch das Café Schiller Insider Tipp im Haus nebenan mit Blick auf den belebten Platz. *92 Zi., Rembrandtplein 26–36, Tel. 554 07 77, Fax 626 68 31, www.nh-hotels.com, Tram: 4, 9, 14, 16, 20, 24, 25*

Pulitzer Hotel **[115 F5]**
★ Ein Komplex, der sich über 25 historische Grachtenhäuser erstreckt. Kaum eines der Zimmer gleicht dem anderen. Intime Atmosphäre, der Charakter der Häuser

MARCO POLO Highlights »Übernachten«

★ **Amsterdam Centre**
Ein modernes Großstadthotel ohne Fehler (Seite 68)

★ **Pulitzer Hotel**
Modernes Mobiliar in historischen Gemäuern mit hübschem Innenhof – gelungen (Seite 69)

★ **Atlas**
Ein Haus mit sehr viel Charme nahe dem Vondelpark (Seite 70)

★ **Hotel Wiechmann**
Modern oder gemütlich eingerichtete Zimmer in alten Grachtenhäusern (Seite 72)

★ **Prinsenhof**
Typisches Grachtenhotel. Einfache Ausstattung, zentrale Lage (Seite 74)

★ **Wijnnobel**
Eine preiswerte Übernachtungsmöglichkeit im Museumsviertel (Seite 74)

mit Zwischenstockwerken, Eichenbalken und Ziegelwänden ist weitgehend erhalten geblieben. Bei der Reservierung versucht man, nach Möglichkeit auf die Wünsche der Gäste einzugehen: Blick zum Innenhof oder auf die Prinsen- oder Keizersgracht. Insider Tipp Innengarten mit Glasveranda. Restaurant, Cafeteria. *224 Zi., Prinsengracht 315–331, Tel. 523 52 35, Fax 627 67 53, www.pulitzerhotel.nl, Tram: 13, 14, 17 (Westermarkt)*

HOTELS €€

AC Hotel Amsterdam **[0]**
Am Stadtrand gelegenes, modernes Komforthotel, ideal für Autofahrer. Terrasse am See, im Haus befinden sich ein Restaurant sowie ein Grand Café. *192 Zi., Provincialeweg 38, an der A 9, Abfahrt Gaasperplas Weesp, Tel. 312 14 16, Fax 312 00 14 65, Metro: 53 (Gaasperplas)*

AMS Holland Hotel **[119 E2]**
Direkt am Vondelpark gelegenes Stadthotel. Hinter einer großbürgerlichen Fassade modernes Innenleben, die Zimmer sind einfach und hell ausgestattet. Das Haus liegt ruhig am Ende der exklusiven Einkaufsstraße P.C. Hooft. *65 Zi., P. C. Hooftstraat 2, Tel. 683 18 11, Fax 616 03 20, Tram: 2, 3, 5 (Stedelijk Museum)*

Atlas **[119 E2]**
★ Hübsche Jugendstilvilla in ruhiger Lage unweit vom Vondelpark. In den schön eingerichteten Zimmern mit modernen Bädern herrscht eine freundliche Atmosphäre. Das Atlas ist vor allem am Wochenende gut besucht. *23 Zi., van Eeghenstraat 64, Tel. 676 63 36, Fax 671 76 33, www.atlas.amsterdam.nl, Tram: 1, 2, 5 (Leidseplein)*

Avenue **[112 B2]**
Das moderne Stadthotel mit zweckmäßigen kleinen Zimmern liegt nahe dem Hauptbahnhof. *86 Zi., Nieuwezijds Voorburgwal 27, Tel. 530 95 30, Fax 530 95 99, Tram: 1, 2, 5 (Kolk)*

Canal Crown **[116 A5]**
Ein gut geführtes und zudem zentral gelegenes Stadthotel. Das komfortable Haus mit Zimmern, die zum Teil auf die Herengracht blicken, ist neu und modern mit Rattanmöbeln eingerichtet. Üppiges Frühstücksbuffet. *57 Zi., Herengracht 519–525, Tel. 420 00 55, Fax 420 09 93, Tram: 16, 24, 25, Vijzelstraat*

Canal House **[112 A4]**
Kleines, nettes Hotel, das sich über zwei Grachtenhäuser erstreckt. Zum Teil etwas Insider Tipp altmodisch, aber gemütlich eingerichtet. Wer die Stille sucht, schläft hier gut. Garten und Bar im viktorianischen Stil. Es wird nur englisch gesprochen, und die Reservierungsliste ist lang, wie bei allen stimmungsvollen Grachtenhotels. *26 Zi., Keizersgracht 148, Tel. 622 51 82, Fax 624 13 17, www.canalhouse.nl, Tram: 13, 14, 17 (Westermarkt)*

La Casaló **[121 D5]**
Einmal in einem Wohnboot auf der Amstel schlafen? Hier wird der Wunsch zur Wirklichkeit. *4 Zi., Amsteldijk 862, Tel. 642 36 80, Fax 644 74 09, Metro: Amstel*

Cok City **[112 B2]**
Modern ausgestattet und sehr zentral unweit vom Bahnhof gelegen.

Etwas altmodisch, aber stimmungsvoll wohnt man im Hotel Canal House

Die Zimmer sind zweckmäßig und einfach. *106 Zi., Nieuwezijds Voorburgwal 50, Tel. 573 71 01, Fax 664 53 04, Tram: 1, 2, 5, 13, 17 (eine Haltestelle vom Hauptbahnhof Richtung Kolk)*

Concert Inn **[119 E3]**
Das komfortable Familienhotel liegt im Museumsviertel. Heller, freundlicher Frühstücksraum und Garten. *25 Zi., de Lairessestraat 11, Tel. 305 72 72, Fax 305 72 71, Tram: 16*

Eden Hotel **[112 C5]**
An der Amstel gelegenes Stadthotel. Insider Tipp Als ausgefallen gelten die Zimmer 560–562: Sie wurden von Kunststudenten gestaltet. Nett, wenn man ein Zimmer mit Blick zum Wasser hat. *340 Zi., Amstel 144, Tel. 530 78 88, Fax 624 29 46, www.edenhotelgroup.com, Tram: 4 (Rembrandtplein)*

Eureka Hotel **[112 C5]**
Ruhig an der Amstel gelegenes Hotel. Hinter der hellen Fassade verbirgt sich ein *ouderwets* Hotel, was so viel wie altmodisch bedeutet. Gayfreundlich. Wenn möglich, Zimmer mit Blick zum Wasser reservieren. Insider Tipp Rembrandt- und Leidseplein sind zu Fuß zu erreichen. *16 Zi., 's- Gravelandseveer 3–4, Tel. 624 66 07, Fax 624 13 46, www.amsterdamhouse.com, Tram: 4 (Rembrandtplein)*

De Filosoof **[119 D2]**
Die Zimmer sind hier immens begehrt – aus gutem Grund. Das Haus liegt ruhig, und die Preise sind akzeptabel. Treffpunkt für Intellektuelle und Philosophen. Die Zimmer sind unterschiedlich gestaltet. *28 Zi., Anna van den Vondelstraat 6, Tel. 683 30 13, Fax 685 37 50, www.hotelfilosoof.nl, Tram: 1, 6 (Overtoom)*

Amsterdamer Luxushotels

Amstel Intercontinental [120 C2]

Es gilt als das schönste Hotel der Stadt. Seit 1867 dient die elegante Nobelherberge an der Amstel Monarchen und Prominenten als Unterkunft. Die Eingangshalle glänzt in Gold und Marmor, allein der Blick von der Terrasse auf den Fluss ist ein Erlebnis. Das Haus verfügt über alle Einrichtungen eines Grandhotels sowie einen eigenen Fuhrpark. Fitnesscenter und Restaurant stehen auch Nicht-hotelgästen offen. *79 Luxussuiten ab 425 Euro, Professor Tulpplein1, Tel. 622 60 60, Fax 622 58 08, http://amsterdam.interconti.com, Metro: Wibanstraat*

De L'Europe [112 B5]

Viele der mit Empiremöbeln eingerichteten Zimmer gehen zur Amstel und zum Munttoren. Im Haus: der Stadt einziger Hotel-Swimmingpool. Das im neoklassizistischen Stil gehaltene Prestigeobjekt des bekannten Bierbrauers Freddy Heineken bietet für Amsterdam ungewöhnlichen Luxus. *183 Zi. zwischen 270 und 350 Euro, Nieuwe Doelenstraat 2–8, Tel. 531 17 77, Fax 531 17 78, www.leurope.nl, Tram: 4, 9, 14, 16, 24 (Muntplein)*

The Grand Amsterdam [112 C4]

Luxuriöses Hotel im historischen Prinsenhof. Hier sind Sie im Herzen der Altstadt und am Rand des Rotlichtviertels untergebracht. Dieses historische Haus mit der modernen Einrichtung kann auf eine große Vergangenheit zurückblicken. Nachdem die Nonnen aus dem Cäcilienkloster von den Kalvinisten verjagt worden waren, wurde es 1661 zum »Prinsenhof« umgebaut. Zwischen 1808 und 1987 war es das Rathaus der Stadt, daher der große Innenhof, die breiten Treppenflure, die großzügigen Empfangsräume und die zum Teil großen Zimmer. Im Café Roux kann man sich zum Kaffee oder zu einem Abendessen treffen. *182 Zi., die Preise beginnen bei 400 Euro, Oudezijds Voorburgwal 197, Tel. 555 35 55, Fax 555 31 11, www.thegrand.nl, Metro: Nieuwmarkt*

Hotel Aalders **[112 C6]**

Iin einer Seitenstraße des Museumsviertels gelegenes Familienhotel. Die 28 Zimmer sind ansprechend, einige davon geräumig. Von hier aus sind alle Sehenswürdigkeiten im Zentrum zu Fuß und mit der Tram erreichbar. *Jan Luykenstraat 13–15, Tel. 662 01 16, Fax 673 46 98, www.hotelaalders.nl, Tram: 2, 5 (Van Gogh Museum)*

Hotel Wiechmann **[115 F5]**

★ Ideal gelegenes Hotel, das sich über mehrere restaurierte Grachtenhäuser erstreckt. 40 modern oder antik eingerichtete Zimmer. Es werden auch einige Familienzimmer für mehr als zwei Personen angeboten. *Prinsengracht 328–332, Tel. 626 33 21, Fax 626 89 62, www.hotelwiechmann.nl, Tram: 13, 14, 17 (Westermarkt)*

Ibis Amsterdam Stopera [116 C5]
Neues Hotel der günstigen Kette, nahe dem Schifffahrtsmuseum gelegen. Empfehlenswert für Autofahrer, da es in einem nahen Parkhaus (allerdings kostenpflichtige) Stellplätze gibt. *207 Zi., Valkenburgerstraat 68, Tel. 531 91 35, Fax 531 91 45, Metro: Waterlooplein*

Mercure Arthur [120 B2]
Ruhig und nicht weit vom Zentrum entfernt liegt dieses Mittelklassehotel. Die Zimmer sind sauber und hell gehalten, verfügen über Dusche und Fernsehen. Eine Bar für den Schlaftrunk ist im Haus. *90 Zi., Noorderstraat 46, Tel. 622 03 28, Fax 620 32 08, Tram: 16, 24, 25 (Prinsengracht)*

Novotel [0]
Am Stadtrand gelegenes Haus. Gehobene Mittelklasse. Ideal für Autofahrer. *600 Zi., Europaboulevard 10, Tel. 541 11 23, Fax 646 28 23, Tram: 4 (Congresgebouw)*

Rho Hotel [112 B3]
Im Herzen der Stadt gelegen. Die Zimmer sind klein, ruhig und hell. Große Halle im Amsterdamer Stil. Garage. *105 Zi., Nes 5–23, Tel. 620 73 71, Fax 620 78 26, Tram: 4, 9, 16, 24, 25 (Dam)*

HOTELS €

Acacia [115 E3]
Einfaches, sauberes Hotel im Jordaanviertel mit Blick auf die Lijnbaansgracht. Auch Zimmer in Hausbooten werden vermietet, allerdings zu etwas höheren Preisen. *Lindengracht 251, Tel. 622 14 60, Fax 638 07 48, Tram: 3 (Westerstraat)*

Amstel Botel [116 C4]
Einzigartig in Amsterdam: Übernachten auf einem Hotelschiff, das nahe dem Bahnhof auf dem Fluss IJ dümpelt – und das zu Preisen, die für Amsterdamer Verhältnisse wirklich moderat sind. Vom Frühstücksraum haben Sie eine schöne Aussicht auf den Oosterdokkanal, zu Fuß erreichen Sie die Innenstadt in nur kurzer Zeit. *176 Zi., Oosterdokskade 2–4, Tel. 626 42 47, Fax 639 19 52, 2 Min. Fußweg vom Bahnhof*

Apple Inn [119 D3]
Angenehmes Familienhotel mit 30 plüschigen Zimmern, im feinen Stadtteil Zuid gelegen. Üppiges Frühstücksbufett. Bequem in der Nähe des Vondelparks und der Museen gelegen. *Koninginneweg 93, Tel. 662 78 94, Fax 675 52 35, Tram: 2 (J. Obrechtstraat)*

Nobelhotel Amstel Intercontinental

Casa Cara [119 D3]
Unweit vom Zentrum und dicht beim Vondelpark und am Museumsviertel liegt diese einfache Pension aus rotem Backstein. Holländische Atmosphäre. Reservierung nur telefonisch. *9 Zi., Emmastraat 24, Tel. 662 31 35, kein Fax, Tram: 2 (De Lairessestraat)*

Euphimia [120 B2]
Hotel in einem ehemaligen Klosterbau nahe dem Leidseplein. Entspannte Atmosphäre und saubere Zimmer zu günstigen Preisen. *Fokke Simonszstraat 1–9, Tel. und Fax 622 90 45, Tram: 16, 24, 25 (Weteringscircuit)*

Owl [119 E1]
In der ruhigen Roemer Visscherstraat wurden mehrere Bürgerhäuser des 19. Jhs. zu Hotels umgebaut, die allerdings ihre besten Zeiten hinter sich haben. Das Owl gehört zu den angenehmen Familienhotels: Es bietet schöne Zimmer, eine Bar, einen hellen Frühstücksraum und im Sommer eine Terrasse im Garten zum Vondelpark. Alles Sehenswerte ist bequem erreichbar *(zum Leidseplein 5 Min.). 34 Zi., Roemer Visscherstraat 1, Tel. 618 94 84, Fax 618 94 41, Tram: 1, 2, 5, 6 (Leidseplein)*

Prinsenhof [120 C1]
★ In einem stilechten Grachtenhaus aus dem 18. Jh. untergebracht und zentral gelegen (nur einige Gehminuten vom Rembrandtplein entfernt). Das Hotel umfasst zehn spartanisch eingerichtete Zimmer, WC und Dusche sind auf dem Gang. Insider Tipp Das schönste Zimmer, Nr. 9, liegt unterm Dach. Die Atmosphäre ist freundlich und locker. *Prinsengracht 810, Tel. 623 17 72, Fax 638 33 68, Tram: 4 (Utrechtsestraat)*

Westertoren [115 F5]
Einfaches, günstig gelegenes Hotel nahe dem Anne-Frank-Haus und der Westerkerk. Wegen der recht lauten Umgebung eher für Lärmunempfindliche empfehlenswert. *8 Zi., Raadhuisstraat 35, Tel. und Fax 624 46 39, Tram: 13, 14, 17 (Raadhuisstraat)*

Wijnnobel [119 E2]
★ Nach vorne geht der Blick auf das Rijksmuseum und nach hinten auf die Einkaufsstraße: Künstler und Studenten wohnen hier. Außergewöhnliche Zimmer ohne Bad, aber teilweise mit Marmorkamin. Einen Fahrstuhl gibt es nicht. Das Frühstück wird im Zimmer serviert. *12 Zi., Vossiusstraat 9, Tel. 662 22 98, kein Fax, Tram: 2, 5 (van Baerlestraat)*

Winston [112 C3] Insider Tipp
Im Herzen des Rotlichtviertels liegt dieses angesagte Hotel, dessen Bar und Disko nicht nur von Hotelgästen besucht werden. Ein Großteil der 67 Zimmer wurde von Künstlern und Designern gestaltet. Selbst die Toilette im Erdgeschoss beherbergt eine Minigalerie. *Warmoesstraat 123–129, Tel. 623 13 80, Fax 639 23 08, www.winston.nl (10 Min. Fußweg vom Hauptbahnhof)*

FÜR JUNGE LEUTE

Bicycle Hotel [120 B3]
Im Stadtteil De Pijp gelegenes, kleines Hotel mit 16 Zimmern. Beliebt bei jungen Leuten, es können auch Fahrräder ausgeliehen werden. Sau-

Grachtenhäuser

Das wohl schmalste Haus der Welt ist nur etwas mehr als 2 m breit

Es steht im Singel Nummer 7: Das wahrscheinlich schmalste Haus der Welt. Mit einem Glockengiebel gekrönt ist das 2,02 m breite und 6 m lange Häuschen in der Oude Hoogstraat 22. Ein weiteres kleines Haus steht am Kloveniersburgwal 26. Es ist 2,44 m breit und bekannt unter dem Namen *Het kleine Trippenhuis* oder »Haus des Kutschers des Herrn von Trip«. Es steht gegenüber dem *Trippenhuis (Nr. 22)*, und dieses ist mit 22 m fast zehnmal so breit. Es wurde 1660 von den wohlhabenden Brüdern Lodewijk und Hendrick Trip gebaut, die mit dem Waffenhandel reich geworden waren.

bere Zimmer, guter Service und netter Frühstücksraum mit Internetzugang. *Van Ostadestraat 123, Tel. 679 34 52, Fax 671 52 13, Tram: 3, 4 (Stadhouderskade), 10, 24, 25 (Albert Cuypstraat)*

Bob's Youth Hostel **[112 B2]**
Mitten im Zentrum gelegenes Jugendhotel, nicht ganz so komfortabel wie manche Jugendherberge, aber sauber und preiswert (Bett im Schlafsaal ab 14 Euro). Viele Rucksacktouristen aus aller Welt, relaxte Atmosphäre. *21 Zi. mit 160 Betten, Nieuwezijds Voorburgwal 92, Tel. 623 00 63, Fax 675 64 46, Tram: 1, 2, 5, 13, 17 (Dam)*

Budget Hotel Kabul **[112 C2]**
Im Herzen der Altstadt. Zwei-, Drei-, Vier- und sogar Zehnbettzimmer. Restaurant und Bar sind angeschlossen. Bettenpreis zwischen 35 und 45 Euro, allerdings ohne Frühstück. *25 Zi. mit 170 Betten, Warmoesstraat 38–42, Tel. 623 71 58, Fax 620 08 69, kurzer Fußweg vom Hauptbahnhof*

City Hostel Vondelpark **[119 E2]**
Eines der beliebtesten Schnäppchen der Stadt, wenn es ums Übernachten geht. Modernes Hostel in einem großen Landhaus im Vondelpark mit Bar und Restaurant. Helle, saubere Zimmer, Bettenpreis ab 19 Euro. Rechtzeitig reservieren! *500 Betten, Zandpad 5, Tel. 589 89 99, Fax 589 89 55, Tram: 1, 2, 5 (Leidseplein)*

Flying Pig Hotel **[112 C2]**
Typisches Hotel für jugendliche Reisende, die keine hohen Ansprüche stellen und denen der Geräuschpegel nichts anhaben kann. Sauber und preiswert. *133 Betten, Nieuwendijk 100, Tel. 421 05 83, Fax 421 08 02, 5 Min. Fußweg vom Hauptbahnhof, www.flyingpig.nl*

NJHC Jeugdherberg Stadsdoelen **[112 C5]**
Eine Nacht im Schlafsaal kostet ca. 17 Euro. *186 Betten, Kloveniersburgwal 97, Tel. 624 68 32, Fax 639 10 35, Tram: 4, 9, 14, 16, 24 (Rokin)*

Abendliche Unterhaltung

Das Nachtleben konzentriert sich auf drei Zentren. Die Jugend trifft sich am Leidseplein

Jeden Abend finden unzählige Veranstaltungen statt; organisierte Ereignisse wie Theater, Konzerte, Filmvorführungen – oder Unorganisiertes auf den Plätzen, in Gaststätten und Diskotheken. Das gewaltige Angebot erschlägt die Besucher geradezu, die Amsterdamer lässt die Vielfalt kalt – sie sind sie gewohnt. Trendunabhängige beginnen ihren Abend mit der *borreluur* in ihrem Stammlokal, der blauen Stunde nach Geschäftsschluss. In den »braunen« Lokalen findet man jene Art von Gemütlichkeit, die hierzulande mit *gezelligheid* umschrieben wird: dunkles Interieur, auf den Tischen falsche Perserteppiche, alte Drucke und Gemälde an den Wänden. Dann gibt es die *coffeeshops*, oft kühl und grell eingerichtete Etablissements, wo es neben Kaffee und Säften auch Haschisch und Marihuana zu kaufen gibt.

Der ehemalige Buttermarkt, ★ Rembrandtplein **[112 C6]**, der seinen neuen Namen mit der Errichtung der Rembrandtstatue 1876 erhielt, ist mitsamt den umliegenden Straßen ein Zentrum des Nachtlebens. Wie auch am ★ Leidseplein **[119 F1]** findet man hier Straßentheater, Diskos, Cafés und Kneipen. Im Sommer sind die Plätze in den Straßencafés dauernd belegt. *Tram: 4, 9, 14*

Abends wird die Magere Brug wie viele andere Brücken der Stadt in helles Licht getaucht

Nachtleben am Nieuwmarkt

CAFÉS

De Balie **[119 F1]**
Café, Kulturzentrum und kleines Restaurant. *Kein Ruhetag, Kleine Gartmanplantsoen, Tram: 1, 2, 5, 6 (Leidseplein)*

Café Américain **[119 F1]** Insider Tipp
Elegant präsentiert sich das Art-déco-Café im gleichnamigen Hotel. Viele Stücke, z. B. Lampen und einige Möbel, sind Originale. *Kein Ruhetag, Leidseplein 97, Tram 1, 2, 5 (Leidseplein)*

Eine freundliche Atmosphäre herrscht im Café de Jaren

Café Belgique [112 B3]
Im historischen Rahmen werden Bierspezialitäten ausgeschenkt. *Di geschl., Gravenstraat 2, Tram: 4, 9, 16, 24, 25 (Dam)*

Café de Druif [113 F4]
Die Traube ist ein authentisches Café aus dem Jahr 1631. *Kein Ruhetag, Rapenburgerplein 83, Bus: 22 (Kadijksplein)*

Café de Jaren [112 B5]
Helles, beliebtes Café mit schöner Terrasse. Von hier hat man einen guten Blick auf die Gracht. *Kein Ruhetag, Nieuwe Doelenstraat 20–22, Tel. 625 57 71, Tram: 4, 9, 16, 24, 25 (Muntplein)*

De Dokter [112 A5]
Gasthaus aus dem Jahr 1798, gehört mit seinen 18 m^2 zu den kleinen Wirtsstuben der Stadt. Die vielen Sammlerstücke machen es noch enger. *So geschl., Rozenboomsteeg 4, Tram: 1, 2, 5, 11 (Spui)*

Hoppe [112 A5]
Bei schönem Wetter wird das Bier im Stehen auf der Terrasse getrunken. Angenehmer ist es im Schankraum, der mittlerweile zwar mehrfach restauriert wurde, aber schon seit 1670 besteht. *Kein Ruhetag, Spui 18–20, Tram: 1, 2, 5, 11 (Spui)*

Maximiliaans [112 C4]
Brauhaus, in dem man Selbstgebrautes serviert bekommt und auch gut essen kann. *Mo geschl., Kloveniersburgwal 6–8, 10 Min. Fußweg vom Hauptbahnhof*

De Oosterling [120 B2]
Traditionsreiche Kneipe mit original Amsterdamer Publikum. Seit über 100 Jahren in Familienbesitz. *Kein Ruhetag, Utrechtsestraat 140, Tram: 4, 6, 7, 10 (Frederiksplein)*

Stevens [113 D3]
Eine sympathische Mischung aus Eetcafé und Grand Café. Angenehmes Publikum, einfache Gerichte. *Kein Ruhetag, Geldersekade 123, 10 Min. Fußweg vom Hauptbahnhof*

Westertoren [115 F4]
300 Jahre altes, stilechtes Lokal, Treffpunkt der Leute aus dem Viertel. *Kein Ruhetag, Nieuwe Leliestraat 2, Tram: 13, 14, 17, Westermarkt*

In den Wildeman [112 C2] Insider Tipp
Originelles Interieur in den Räumen einer alten Schnapsfabrik. 150 Bier-

sorten, getrennte Bereiche für Raucher und Nichtraucher. Stilvoller kann ein Bier auf keinen Fall getrunken werden. *Mo–Sa 12–1 Uhr, Kolksteeg 3, Tram: 1, 2, 5 (Kolk)*

KINO & FILM

Amsterdamer sind begeisterte Kinogänger. Alle Filme in Originalton mit niederländischen Untertiteln. Übersicht der Kinoprogramme mittwochs in »NRCHandelsblad« und »Het Parool«, donnerstags in »De Volkskrant«, sonst im Stadtmagazin »Uitkrant« oder ausführlicher in der »Filmkrant«.

Filmmuseum **[119 E2]**
Für Cinephile. Täglich werden außergewöhnliche Filme gezeigt, die nicht zu den Kassenschlagern zählen. Im Sommer Openairkino. Insider Tipp *Vondelpark 3, Tram: 1, 2, 5 (Leidseplein, dann ca. 10 Min. Fußweg)*

Kriterion **[121 D1]**
Studentenkino, spezialisiert auf besondere Filme. Festivals. *Roeterstraat 170, Metro: Wesperplein, www.kriterion.nl*

The Movies **[116 A2]**
Filmtheater mit plüschigen Filmsälen und einem Café im Stil der 1930er-Jahre. *Haarlemmerdijk 159, Tram: 3 (Haarlemmerplein)*

Pathé City **[119 F1]**
Großes Kino mit 7 Sälen. Bei aktuellen Filmen sollten Sie vorbestellen. *Kleine Gartmanplantsoen 13–25, Tel. 0900/14 58, Tram: 1, 2, 5, 6, 7, 10 (Leidseplein)*

MARCO POLO Highlights »Am Abend«

★ **Rembrandt- und Leidseplein**
Treffpunkte der Akrobaten, Taschenspieler und Kleinkünstler (Seite 77)

★ **Pathé Tuschinski**
Wunderschöner Kinopalast aus den 1920er-Jahren (Seite 80)

★ **Concertgebouw**
Der klassische Musiktempel für den Konzertliebhaber (Seite 80)

★ **Escape**
Die angesagte Riesendisko lässt den Alltag vergessen (Seite 81)

★ **Melkweg**
In der ehemaligen Milchfabrik Livemusik für Junggebliebene (Seite 82)

★ **Paradiso**
Techno and more in einer ehemaligen Kirche (Seite 83)

★ **Koninklijk Theater Carré**
Seriöse Komödianten, Musicals und Zirkusluft (Seite 83)

★ **Muziektheater**
Treffpunkt der Gesellschaft, hinreißende Ballettaufführungen (Seite 84)

Im Kinopalast Pathé Tuschinski ist schon allein das Foyer sehenswert

Pathé Tuschinski [112 B5]
★ Historisches Filmtheater von 1921, das zuletzt 2001 sorgfältig renoviert wurde. Architektonisch ist das Gebäude eine Mischung aus Art déco und Amsterdamer Schule. Der Teppich im Eingangsbereich ist dem Original nachempfunden. Am schönsten ist der größte der sechs Kinosäle. *Reguliersbreestraat 26, Reservierung Tel. 0900/14 58, Tram: 4, 9, 14 (Rembrandtplein)*

KONZERTE

Reservierungen: *AUB (Amsterdam Uit Bureau), Stadsschouwburg, Ecke Marnixstraat/Leidseplein, tgl. 10–18 Uhr, tel. Auskunft und Kartenkauf (Kreditkarte) tgl. 9–16, Do bis 21 Uhr, Tel. 0900/01 91*

Beurs van Berlage [112 C2]
Die Niederländischen Philharmoniker, das niederländische Opernorchester und das Kammerorchester haben hier eine neue Spielstätte gefunden. Die Konzertsäle (beide mit hervorragender Akustik) heißen nach ihren Sponsoren AGA-Saal und Wang-Saal. *Damrak 243, Tel. 627 04 66, Tram: 4, 9, 16, 24, 25 (Dam)*

Concertgebouw [119 E3]
★ Die Akustik des Hauses, 1888 eingeweiht, gehört zu den besten in Europa, beheimatet ist hier ein Spitzenorchester: Kein Wunder, dass das Konzerthaus fast immer ausgebucht ist. Der *Grote Zaal* bietet 2250 Zuhörern Platz, der *Kleine Zaal* 600. Viele berühmte Dirigenten und Solisten traten hier bereits auf. Seit 1988 besitzt die Konzerthalle im Eingangsbereich eine gläserne Wandelhalle. *Concertgebouwplein 2–6, Reservierungen Tel. 671 83 45, Tram: 3, 5, 12, 16, 20 (Concertgebouwplein), www.concertgebouw.nl*

Heineken Music Hall **[0]**
Etwas außerhalb gelegene Konzerthalle für Megaevents aus der Pop- und Rockwelt. *ArenA Boulevard, Amsterdam Zuid-Oost, Ticket Service Tel. 0900/300 12 50, Metro: Bijlmer*

De IJsbreker **[120 C2]**
Die bekanntesten Wegbereiter der Neuen Musik sind hier aufgetreten, u. a. Mauricio Kagel, John Cage und Yannis Xenakis. Zahlreiche Konzerte werden von niederländischen Musikern gegeben. Das Gebäude wurde von demselben Architekten entworfen, von dem auch das Concertgebouw stammt. Stilvoller Rahmen für Spitzenstars. Angenehmes Café und Terrasse mit Amstelblick. *Weesperzijde 23, Tel. 693 90 93, Tram: 7, 10 (Weesperplein), Metro: Waterlooplein*

NACHTLOKALE & KNEIPEN

Das Besondere an den Amsterdamer Nachtclubs und Diskotheken ist, dass sie nur einen kurzen Fußweg voneinander entfernt liegen. Sehr populär geworden sind in letzter Zeit die Lounges, d. h. Bars mit gemütlichen Sofas und entspannter Musik, in denen sich die Szene trifft. Viele Lounges sind gleichzeitig Restaurants (Loungerestaurants), deren Küche auch länger als bis 22 Uhr offen ist. Auf dem aktuellen Stand halten Sie die Broschüren, die im *Uitbureau* am Leidseplein ausliegen, sowie die monatlich gratis erscheinende (niederländische) Zeitung *Uitkrant*.

Bar Ciel **[120 B3]**
Im 23. Stock des Okura-Hotels liegt die Cocktailbar Ciel Bleu, die eine wunderschöne Panoramasicht über die Grachtenstadt bietet. Über das Dekor und die Preise muss man ein wenig hinwegsehen, aber der Blick durch die großen Fenster auf Amsterdam bei Sonnenuntergang lohnt sich in jedem Fall. *Ferdinand Bolstraat 333, Tram: 24, 25 (Cornelis Troostplein)*

Bimhuis **[113 D4]**
Jazzmusik vom Feinsten und Modernsten wird im »Bim« gespielt. Manchmal auch Jam Sessions. *Oudeschans 73–77, Tel. 623 33 73, Metro: Nieuwmarkt*

Café Cox **[119 F1]**
Große Bar im Souterrain der Stadsschouwburg. Nach den Theatervorstellungen trifft man hier beim Bier auf das Ensemble *Marnixstraat 429, Tel. 620 72 22, Tram: 1, 2, 5, 7, 10 (Leidseplein)*

Insider Tipp

Café Meander **[112 B5]**
Hier treffen sich vorwiegend Studenten zu Livemusik, Soul, Pop und Disko. *Voetbogstraat 3–5, Tram: 1, 2, 5 (Spui)*

Dansen Bij Jansen **[112 A5]**
Alteingesessene Studentendisko. Einlass nur mit gültigem Studentenausweis! *Eintritt 4 Euro, Handboogstraat 11, Tram: 1, 2, 5 (Spui)*

Escape **[112 C6]**
★ Bis zu 2500 Gäste fassende Szenedisko der 18- bis 30-Jährigen. Auch Konzerte. *Eintritt ab 12 Euro, Rembrandtplein 11–15, Tram: 4, www.escape.nl*

Jazz Cruise **[119 F2]**
Mit dem Canalbus durch die nächtlichen Grachten – mit Jazz und Ge-

sang. Die Fahrt dauert 1,5 Std. und kostet 37,50 Euro – einschließlich Musik, Wein und Käse. *April–Jan. Sa 20 und 22 Uhr, Abfahrt gegenüber Rijksmuseum. Reservierung: Tel. 623 98 86, www.canal.nl*

Lux **[119 F1]**
Insider Tipp Lounge im Retrostil mit DJ und internationalem Publikum. Am Wochenende ist es oft so voll, dass man zu vorgerückter Stunde keinen Fuß durch die Tür bekommt. *Marnixstraat 403, Tel. 422 14 21, Tram: 1, 2, 5, 7, 10 (Leidseplein)*

Mazzo **[115 E5]**
Musiker auf dem Weg nach oben haben hier gestanden. Immer noch einer der besten Clubs der Stadt. Am Freitag House Music. *Eintritt 6,50 Euro, Rozengracht 114, Tram: 13, 14, 17 (Westermarkt)*

Melkweg **[119 F1]**
★ Kulturzentrum in einer ehemaligen Molkerei. Ständig wechselndes Programm mit Konzerten, Disko, Filmen und Galerie für Ausstellungen. *Restaurant, Café ab 13 Uhr, Küche 18–21 Uhr (kein Ruhetag), Eintritt je nach Veranstaltung zwischen 4 und 15 Euro, Lijnbaansgracht 234, Tel. 531 81 81, Tram: 1, 2, 5, 9, 10, 14 (Leidseplein), www.melkweg.nl*

More **[115 E5]**
Acht Amsterdamer Partykollektive spielen jeweils einen Abend lang die Rolle des Gastgebers. Dementsprechend wechselhaft sind Publikum und Musik, von House über Garage bis Techno. *Eintritt ab 10 Euro, Rozengracht 133, Tram: 13, 14, 17 (Rozengracht), www.expectmore.nl*

Nol **[115 F4]**
Echte Jordaan-Bar mit Blumentapeten und Kristalllüstern. Oft singt die Stammkundschaft lauthals die holländischen Schlager vom Band mit. *Westerstraat 109, Tram: 3 (Westerstraat)*

Odeon **[112 A5]**
In einem Grachtenhaus etablierte Disko mit angenehmer Atmosphäre. Gemischtes Publikum, *easygoing* Flair, Musik der 1970er-Jahre. *Eintritt 2,20 Euro, Singel 460, Tel. 624 97 11, Tram: 1, 2, 5 (Koningsplein)*

Das Kulturzentrum Melkweg ist seit langem beliebt für seine Livekonzerte

Nächtliche Lichter

Die romantische Beleuchtung im Grachtengürtel ist das i-Tüpfelchen

Zwischen dem 29. März und dem 3. November wird die Stadt allabendlich in ein romantisches Lichtermeer getaucht. Zehntausende von Glühlampen erhellen die Grachten und Brückenbögen, beleuchtet werden in der Innenstadt außerdem drei Dutzend Bauwerke, etwa die Moses en Aaronkerk, das Koninklijke Palais, die Türme von Wester-, Zuider- und Oudekerk. Angestrahlt wird auch der im Hafen liegende Dreimaster »Amsterdam«.

De Ooievaar [113 D2]
Likör und alter Genever wird in diesem Lokal von 1782 ausgeschenkt. *Sint Olofspoort 1, Tram: alle (Centraal Station)*

Paradiso [119 F1]
★ Legendäre Disko und Konzertbühne in einem ehemaligen Gotteshaus. Zählt schon seit den Tagen des Punk zu den festen Institutionen im Amsterdamer Nachtleben. Am Wochenende Techno-DJs. *Eintritt bis zu 15 Euro, Weteringschans 6–8, Tel. 626 45 21, Tram: 1, 2, 5, 6, 7, 10 (Leidseplein)*

Supperclub Bar [112 B3]
In der blutroten Bar und der blendend weißen Lounge legen am Wochenende DJs auf, sonst gibt es sanfte Klänge aus der Dose und jede Menge schöne Menschen. *Jonge Roelensteeg 21, Tram: 1, 2, 4, 5, 9, 13, 16, 17, 24, 25 (Dam)*

Winston Kingdom [112 C2]
Club im gleichnamigen Hotel. Die drei DJs des Hauses spielen vor allem tanzbare 80er-Jahre-Hits und 70er-Diskomusik. *Warmoesstraat 123, Tram: 4, 9, 16, 24, 25 (Dam)*

THEATER & BALLETT

Mit einer Vielfalt von rund 40 Theatern, vor allem avantgardistischen Sprechbühnen, ist die Stadt reich gesegnet. Die bekanntesten Bühnen sind Carré, das Stadt- und das Musiktheater, aber auch experimentelles Theater und Pantomime haben einen festen Platz im Amsterdamer Kulturprogramm.

De Brakke Grond [112 B4]
Im flämischen Kulturzentrum aktuelle Ausstellungen und modernes Theater. Café und Restaurant. *Nes 45, Tel. 626 68 66, Tram: 4, 9, 14, 16, 24, 25 (Rokin)*

Grace Theater [O]
Neues Musicaltheater, das ein Stück über das Leben Grace Kellys bringt. Nur bis Ende 2003. *ArenA Boulevard, Tel. 311 84 44, Metro: 53, 54 (Bijlmer)*

Koninklijk Theater Carré [120 C1]
★ In dem früheren Zirkus im holländischen Renaissancestil, der bereits 1887 eröffnet wurde, treten

Teuerster Kulturneubau der Stadt: Muziektheater, Stopera genannt

Hollands Showstars und Komödianten auf. Heutige Produktionen sind beispielsweise »The Sound of Music« und »Fosse«. Führungen werden angeboten. *Amstel 115, Tel. 622 52 25, Metro: Waterlooplein, www.theatercarré.nl*

Muziektheater (Oper) **[113 D5]**

★ Das städtische Musiktheater, auch *Stopera* genannt, hat seine kontroversen Zeiten gottlob hinter sich und ist heute ein Mittelpunkt des gesellschaftlichen Lebens. Die Stopera ist die teuerste kulturelle Einrichtung der Stadt. Seit seiner Eröffnung 1986 ist der gewaltige Bau die Heimat der Niederländischen Oper, des Nationalballetts und des niederländischen Ballettorchesters. Es gibt auch Gastspiele ausländischer Gruppen. Zwischen Juni und September werden im Boekmanzaal die kostenlosen Lunchkonzerte *(Di 12.30 Uhr)* gegeben. *Waterlooplein 22, Tel. 625 54 55, Tram: 9, 20, Metro: Waterlooplein*

Insider Tipp

NES **[112 B4]**

Zusammenschluss aus mehreren alternativen Theatern. Man verbindet Tanz und Theater, Festivals, Popmusik, neue Medien und Straßenkultur. Auch *De Bakke Grond* ist Teil der Kooperation. *Nes 45 und 63, Tel. 626 68 66 und 622 78 60, Tram: 4, 9, 14, 16, 24, 25 (Rokin)*

Panama **[117 F4]**

Insider Tipp

In der ehemaligen Hafenzentrale wurde 2001 dieser Multiclub eröffnet: eine Kombination aus Restaurant, Bar, Club, Konzertsaal und Theater. Zielgruppe sind die 25- bis 35-Jährigen. *Oostlijke Handelskade 4, Tel. 311 86 86 (Restaurant und Theater), Eintritt 15–20 Euro, Restaurant ab 11 Uhr, Nachtclub Mi–So (Vorstellungen 20.45 und 22.30 Uhr). Mit dem Auto über A 10, Abfahrt 114 und dann nach rechts Richtung Piet Heinkade oder 40 Min. zu Fuß vom Hauptbahnhof Richtung Osten, www.panama.nl*

Stadsschouwburg **[119 F1]**

Das *Stadttheater*, das 1894 eröffnet wurde, ist ein aufwändig geschmücktes Neorenaissancetheater mit verspielter Fassade. Zahlreiche internationale und moderne Stücke gelangen hier zur Aufführung. *Leid-*

seplein 26, Tel. 523 77 00, Tram: 1, 2, 5, 6, 7, 10

Westergasfabriek **[115 E2]**
Einen Besuch wert ist auch die ehemalige Gasfabrik. In den früheren Fabrikhallen bildet sich ein Kulturzentrum mit Theater, Ausstellungen und Café heraus. Außerdem gibt es das gute Restaurant *West Pacific*. Im Sommer sitzt man im Freien. *Kein Ruhetag, Haarlemmerweg 8–10, Tel. 597 44 58, 581 04 25 (Theater), Tram: 3 (Endstation)*

SCHWULEN- & LESBENTREFFPUNKTE

Mit der weltweit ersten gleichgeschlechtlichen Hochzeit im Rathaus am 1. April 2001 hat der Bürgermeister die Stadt Amsterdam zur »Gay Capital of Europe« ausgerufen. Die Stadt hat eine große Auswahl an Hotels, Bars, Cafés und Diskos für schwule Männer und lesbische Frauen.

Ausführliche Informationen im englischsprachigen *Guide for Gays* und über das *Gay & Lesbian Switchboard, Tel. 623 65 65 (tgl. 10–22 Uhr, www.gayamsterdam.nl).*

COC **[115 E5]**
Wochenenddisko der niederländischen Organisation für die Rechte der Schwulen. Freitags gemischtes Publikum, samstags nur für Frauen reserviert. *Rozenstraat 14, Tel. 626 30 87*

Exit **[112 C6]**
Elegante Disko mit einer berühmten Lightshow. Große Tanzfläche. *Reguliersdwarsstraat 42, Tel. 625 87 88, Tram: 16, 24, 25 (Vijzelstraat)*

Sündenmeile: De walletjes

Kaum jemand mag es zugeben, aber dort gewesen sind wohl alle

Wir reden vom Rotlichtviertel, den *walletjes*, von Amsterdam. Die Altstadt führt noch vor der Grachtenfahrt oder dem Besuch des Rijksmuseum die Hitliste der Touristenattraktionen von Amsterdam an. Die romantische Atmosphäre des Wohnviertels täuscht nicht darüber hinweg, dass hier knallharte Ausbeutung mit den Lastern anderer betrieben wird. Die meisten Frauen, die sich hier in den Schaufenstern anbieten müssen, kommen entweder aus Südamerika, Afrika oder Asien – je nachdem, welche Drogen gerade angesagt sind: Drogen- und Frauenhandel gehen hier Hand in Hand. Bars, Hotels, ja ganze Straßenzüge gehören inzwischen kriminellen Organisationen, die auch für »Ordnung« in ihrem Revier sorgen – natürlich nicht mit legalen Mitteln. Man mag es nicht, wenn Fremde im Viertel in Gruppen auftauchen, und verzichten Sie bitte aus Respekt vor den Frauen auf das Fotografieren.

Gemütliche Viertel und Grachten

Die Spaziergänge sind in der Karte auf dem hinteren Umschlag und im Cityatlas ab Seite 112 grün markiert

1 DIE WESTLICHEN INSELN UND DER JORDAAN

Die Straßennamen riechen auf Bickers-, Realen- und Prinseneiland noch nach Abenteuer. Früher war die Gegend ein Handwerker- und Seeleuteviertel zwischen Jordaan und dem Fluss Het IJ, mit alten Lagerhäusern, Wohnbooten, Kähnen und Grachten. Der Jordaan mit seinen Gassen, Hofjes und der Architektur aus dem 17. Jh. ist heute ein typisches Volksviertel. Dauer: etwa 3 Stunden.

Das berühmteste Hafengebiet der alten Stadt besteht aus den drei Inseln Bickers-, Realen- und Prinseneiland und entstand ab 1613 in der ersten Phase der Stadterweiterung. Bekannt ist das Viertel unter dem Namen Prinseneiland. Der Name wird vom Haus »De drie Prinsen« (Willem, Maurits und Frederik Hendrik) abgeleitet. Das malerische Viertel erreichen Sie vom *Haarlemmerdijk* aus. An der Brücke biegen Sie in die *Korte Prinsengracht* ab, unterqueren bei den *Haarlemmer Houttuinen* die Eisenbahnbrücke und befinden sich dann auf dem *Hendrik Jonkerplein* auf Bickerseiland. Über die *Bickersgracht* gelangen Sie nach *Prinseneiland.* Es gibt dort gerade Gassen mit buckligem Pflaster, verlassene Werkstätten und natürlich die fotogenen Hebebrücken, die Prinseneiland mit dem Rest der Stadt verbinden. Die historischen Speicherhäuser (Lofts) sind als Wohnungen oder Künstlerateliers höchst begehrt. In den Grachten dümpeln Wohnboote und Schleppkähne. Ein Bild, wie es Maler und Fotografen lieben: Boote vor den Speichern, in denen in früheren Zeiten Wolle, Porzellan, Seide, Tee, Holz und Gewürze lagerten. Auf den drei Inseln befanden sich auch die Produktionsstätten für Pech. Der Straßenname *Nieuwe Teertuinen* erinnert daran. Der ganze Stadtteil hat sich die Atmosphäre aus der großen Zeit des 17. Jhs., des »Goldenen Zeitalters«, bewahrt. Im 19. Jh. wurde das Gebiet als ein »Paradies für Kunstmaler« beschrieben. Der Maler George Hendrik Breitner hatte auf Prinseneiland Nr. 24 B

De Waag, die städtische Waage, stammt aus dem 15. Jh.

mit Blick auf die Nieuwe Teertuinen sein Atelier – es steht nicht mehr.

Jan Bicker, Bruder von Bürgermeister Andries Bicker, gründete 1615 eine Genossenschaft, deren Ziel es war, diese westlichen Inseln aufzuschütten. Jan Bicker, Schiffsbauer und Kaufmann, baute auf *Bickerseiland* Wohn- und Lagerhäuser. An den hohen Portalen stehen Namen wie: *De Witte Pelikaan* (weißer Pelikan), *De Teerton* (Teertonne), *Schelvis* (Schellfisch) und *Liefde en Eendracht* (Liebe und Eintracht). Für sich selber ließ Bicker das höchste Haus bauen, damit er sehen konnte, was sich auf dem Fluss Het IJ abspielte.

Die nördliche der Inseln, die an das Westerdok grenzt, ist *Realeneiland.* Die Straßennamen riechen auch heute noch nach Seefahrt und Abenteuer: Vierwindenstraat, Taanstraat (Pechstraße) und Zandhoek, wo einige der schönsten Wohnboote und traditionelle Küstenfahrer ankern. Der Name *Zandhoek* (Sandecke) leitet sich von den Booten ab, die hier früher Sand abluden. Insider Tipp Zandhoek, heute eine idyllische Wohnstraße, war eine der ersten Straßen, in denen die Giebelhäuser mit ihren typischen Treppen- und Glockengiebeln restauriert wurden. An der Fassade von Haus Nr. 17, dem Restaurant *De Gouden Real,* fällt der Giebelstein auf, der das Goldstück *Gouden Carolus* darstellt. Weitere Giebelsteine sind *Noyt gedogt, Eendracht, 't Wapen van Essendelft* und die drei Steine aus dem Jahr 1667 in Haus Nr. 4: *Noahs Ark mit St. Petrus en St. Jan.* Jacob Real, auch er ein erfolgreicher Kaufmann, baute auf dieser Insel zahlreiche Häuser. In der *Taanstraat* steht noch das *Taanhuis* aus dem 17. Jh. Dort wurden die Schiffssegel in einer Brühe aus Eichenholz gekocht, um sie zu imprägnieren.

Von Realeneiland aus schwingt sich eine schmale Ziehbrücke, die *Drieharingenbrug* (Drei-Herings-Brücke), zur Prinseninsel. *Prinseneiland* wird von der Gasse *Galgenstraat* durchschnitten. Von hier konnte man den Galgen sehen, der genau gegenüber auf der Volenwijk stand. An ihm wurden Verbrecher zur Abschreckung aufgeknüpft. *Ter grauwelijck exempel,* wie es hieß. Vor allem an Sonn- und Feiertagen muss die Galgenstraat ein beliebtes Ausflugsziel der Amsterdamer gewesen sein, da jeder die im Wind schaukelnden Toten sehen wollte. Auch Rembrandt kam und malte die Gehängten.

Über die malerische Ziehbrücke *Sloterdijkbrug* kommen Sie zur Straße *Nieuwe Teertuinen,* einst Arbeitsplatz der Teerkocher. Von hier aus hat man einen guten Blick auf Prinseneiland, die schmalen weißen Hebebrücken und die schöne Front der alten Speicher. An Werktagen hallt es vom Hämmern und Bohren wider, vom Klopfen und Schrauben in den Schiffswerkstätten.

Schließlich kommen Sie wieder an die *Brücke am Haarlemmerdijk.* Von dort gehen Sie auf den *Turm der Westerkerk* zu, überqueren die *Brücke an der Brouwersgracht* und stehen vor dem historischen Lokal *Papeneiland* in der Prinsengracht 2, früher das meistfotografierte Gebäude im Jordaan-Viertel. Auf dem *Noordermarkt* sehen Sie die gleichnamige *Kirche (S. 26).* Anschließend gehen Sie die *Westerstraat*

Eine Bootsfahrt durch die Grachten ist fast ein Muss für die Besucher

(montags ist Markt) entlang und biegen links in die 1e Angeliersdwarsstraat ab, die ab der ersten Kreuung Tuindwarsstraat heißt. *Dwars* bedeutet quer und steht für die kleine Nebenstraße der Tuinstraat). In der 1e Egelantiersdwarsstraat Nr. 1 befindet sich das *Claes Claeszoon Hofje.* Durch einen engen Gang gelangen Sie in das 1616 gegründete Armenstift. Heute leben hier Studenten.

An der romantischen Egelantiersgracht Nr. 107–145 verbirgt sich das *St. Andrieshofje* aus dem Jahr 1617 mit seinem grünen Innenhof. Auch hier sollten Sie die Privatsphäre der Bewohner respektieren: *Oase van Rust* (der Ruhe) mahnt ein Schild. Ein Bummel durch die Leliedwarsstraat und die *Bloemgracht* mit ihren alten Giebelhäusern – etwa die *Halsgiebel Nr. 83–85* und *Treppengiebel Nr. 87–91* aus dem Jahr 1642 – rundet den Spaziergang durch den Jordaan, in dem einmal 85 000 Menschen auf engem Raum lebten, ab.

2 INNENSTADT-SPAZIERGANG MIT GRACHTENFAHRT

Eine Attraktion ist ein ★ Ausflug durch die Grachten, den man mit Abstechern durch die Innenstadt kombinieren kann. Eine stressfreie Alternative, die sich lohnt: Sie können aussteigen, wo es Ihnen gefällt, etwa am Rijksmuseum oder Waterlooplein, und einsteigen, wenn Sie weiterfahren möchten. Das Museumsboot fährt zahlreiche Museen an. Es ist die reizvollste Art, das amphibische Wesen Amsterdam zu entdecken: Das Boot fährt fahrplanmäßig alle 30 Min. ab Bahnhof, man kann an sechs Stationen aus- oder zusteigen. Dauer: ein halber bis ein ganzer Tag

Am Anleger gegenüber dem *fietsenflat* vor dem Bahnhof dümpelt das *Museumsboot.* Sie suchen einen bequemen Platz und fahren los. Zuerst schaukelt das Boot ein Stück auf dem Fluss Het IJ, um dann in die *Prinsengracht* einzubiegen, den längsten innerstädtischen Schifffahrtsweg. Das Schreien der Möwen wird übertönt vom Glockenspiel, das vom *Turm der Westerkerk (S. 27)* herüberklingt. Wie verführerisch und wie verwundbar der Mythos Amsterdam ist, wird beim Vorbeigleiten an der einmaligen Grachtenarchitektur deutlich. Die Prinsengracht, die gemeinsam mit der Heren- und der Keizersgracht nach 1612 von Tagelöhnern und Spitzbuben konzentrisch um die alte Stadt gegraben wurde, vermittelt den wohl besten Eindruck von der größten Pfahlsiedlung der Welt. Vorbei an einigen Wohnbooten biegen Sie in die *Lauriergracht* ein und verlassen das historische Zentrum.

An der Station *Museumplein* können Sie das Boot verlassen, um eines der drei Museen – oder gar alle nacheinander – zu besuchen: das *Stedelijk Museum (S. 44*), das *Van Gogh Museum (S. 44)* und das *Rijksmuseum (S. 41).* Hier bietet sich zur Abwechslung auch ein Spaziergang im Vondelpark an.

Mit dem Museumsboot (das Dach ist bei schönem Wetter offen) geht es zurück in Richtung Leidseplein. Nächster Halt: *Herengracht/Leidsestraat.* Der *Bloemenmarkt (S. 63)* und die Einkaufsstraßen liegen in der Nähe. Das Boot fährt durch die *Gouden Bocht* (den »Goldenen Bogen«, *S. 22)* der Herengracht mit ihren zahlreichen Patrizierhäusern aus dem 17. Jh. – heute Adresse für Banken und Versicherungen. Auch das Goethe-Institut ist in dieser Straße ansässig. Wenn das Boot auf die Amstel gelangt, ist rechts die *Magere Brug (S. 25)* zu sehen. Gleich darauf fahren Sie unter der *Blauwbrug (S. 25),* die an Pariser Seine-Brücken erinnert, hindurch zum *Waterlooplein.* Dort können Sie das Boot verlassen, um sich die Füße auf dem *Flohmarkt (S. 29)* zu vertreten und einen Blick auf das *Musiektheater (Stopera, S. 84)* zu werfen.

Auch wenn man es angesichts all der Neubauten kaum glauben mag: Sie befinden sich hier auf historischem Boden. Dort, wo sich der Waterlooplein erstreckt, lag früher die Insel *Vlooyenburg* – die letzte Stadterweiterung. Bis zum Zweiten Weltkrieg war dies das Viertel der armen Ostjuden. Vorbei an der *Mozes en Aaronkerk (S. 25)* kommen Sie zum Mr. Visserplein. Gegenüber erhebt sich die *Portugiesische Synagoge,* links stehen die Synagogen der deutschen Juden, in denen das *Joods Historisch Museum (S. 39)* untergebracht ist. An der Breiten Judengasse, der Jodenbreestraat, steht das *Rembrandthuis (S. 41).* Gegenüber in der Theaterschule gibt es ein nettes Café. Neben dem Rembrandthaus, im früheren *Saskiahuis,* ist für den, der's mag, die 3-D-Multimediashow *Holland Experience (Waterlooplein 17, tgl. 10–18 Uhr, Eintritt 8 Euro)* untergebracht. Hinter der Jodenbreestraat (Durchgang an der Theaterschool) finden Sie an der Nieuwe Uilenburgerstraat *Gassan,* die größte Diamantenschleiferei der Stadt *(tgl. 9–17 Uhr).* Sie ist zu besichtigen. Zurück an der

Schleuse, erkennen Sie an der Oude Schans den *Montelbaanstoren (S. 23)*.

Ein Spaziergang führt vorbei am *Pintohuis (S. 23)* zum *Nieuwmarkt (S. 30)* und zu *de Waag (Waage)*, dem ältesten städtischen Gebäude (1488) im ältesten Teil der Stadt. Der Nieuwmarkt ist von historischen Giebelhäusern umgeben, und es gibt hier eine Auswahl an Cafés und Restaurants. Vom dort führt der *Zeedijk* ins Zentrum des Rotlichtviertels, so benannt, weil im roten (Neon)-Licht hinter Schaufenstern Prostituierte Tag und Nacht auf Freier warten – eine Tradition, die bis ins 13. Jh. zurückgeht. In dem Viertel gibt es auch zahlreiche chinesische Läden, daher auch der Name *Chinatown (S. 31)*. Achten Sie auf Taschendiebe und denken Sie daran, dass das Fotografieren der Prostituierten verboten ist! Vom Halteplatz am Waterlooplein gleitet das Boot wieder durch die Kanäle, um am vorletzten Halt, am *Scheepvaartmuseum (S. 43)*, anzulegen. Vor dem imposanten Gebäude der früheren Admiralität dümpelt die *»Amsterdam«*, ein Nachbau des echten Dreimasters, der ebenso sehenswert ist wie das Schifffahrtsmuseum.

Die letzte Etappe geht durch den alten Hafen mit seinen Wohnbooten, Binnenschiffen und Yachten. Vorbei geht es an dem grünen Bau des *NEMO Technologie Center (Oosterdok 2, tgl. 10–17 Uhr, Eintritt 10 Euro)*, das unter dem Motto »Technik zum Anfassen« vor allem Familien mit experimentierfreudigen Kindern anzieht, und dem schwimmenden chinesischen Restaurant – links erhebt sich die historische Hafenfront an der Prins Hendrikkade. Dann kehrt das Boot zur Endstation zurück: zur Centraal Station.

Eines der Amüsierviertel der Stadt konzentriert sich um den Leidseplein

DE KROON 1902
BRINKMANN
BRINKMANN

Historische Städte und weite Strände

Lassen Sie sich an der nahen Küste den Wind um die Ohren pusten, oder schnuppern Sie altholländische Stadtluft

AN DIE KÜSTE NACH ZANDVOORT

Zu allen Jahreszeiten zieht es die Amsterdamer hinaus, am liebsten natürlich an die Nordsee, um einmal tief durchatmen zu können. Rund 45 Minuten ist der Strand entfernt, entweder mit dem Auto oder mit dem Zug ab Amsterdam Hauptbahnhof (CS). Im Sommer gehören Badeanzug und Badehose, sonst Pullover und Windjacke ins Gepäck.

Zandvoort **[122 A4]** ist der Badeplatz der Amsterdamer und damit einer der populärsten Strandorte der Küste. Vor allen an Sonnentagen verwandelt es sich in eine gewaltige Freiluftgarage, dann nämlich, wenn die Städter einfallen und den Strand und die Plätze auf den Strandterrassen für sich beanspruchen. Typisch sind nicht nur die von Treckern gezogenen Strandkarren, an denen man frittierte Muscheln oder Tintenfische kaufen kann, sondern auch die Strandhäuser, in denen stadtmüde Menschen die Sommertage verleben. Hotels und Pensionen aller Preisklassen, Geschäfte, Kneipen und Snackbars bestimmen das äußere Bild des Städtchens, das ansonsten nicht sonderlich schön ist. Wer lieber sehen und gesehen werden möchte, sollte den einige Kilometer nördlich von Zandvoort gelegenen Ort *Bloemendaal* ansteuern. Dort sind in den letzten Jahren mehrere Stranddiskos und schicke Restaurants entstanden, darunter Ableger von bekannten Amsterdamer Etablissements wie dem *Paradiso.* An Sommerwochenenden versammeln sich hier die Jungen, Schönen und Reichen bei Clubmusik und eisgekühltem Rosé und machen Bloemendaal zu einer Art Ibiza der Nordsee.

Die Attraktion ist der 9 km lange Sandstrand. Am Küstensaum stehen die Strandpavillons, in denen man Strandstühle oder Sonnenschirme mieten kann. Auf den Terrassen kann man stundenlang bei Bier, Kaffee, Cola oder Imbiss sitzen und dem Treiben zuschauen. Die Atmosphäre ist freundlich und entspannt. Hungrig von der frischen Seeluft und angeregt vom Duft des

Der Grote Markt in Haarlem ist ein beliebter Treffpunkt

Mobile Imbissstuben sorgen für das leibliche Wohl am Zandvoorter Strand

gebackenen Fischs an den Fischbuden, greift man gerne zu. Verzichten Sie auf den meist wenig schmackhaften und überteuerten Salat und achten Sie dann darauf, dass Sie ihn nicht mitbezahlen. Manche Fischverkäufer nehmen es im Trubel nicht so genau.

Die ausgedehnten Dünen hinter dem Strand bieten Gelegenheit zum Wandern und Radfahren. Fahrräder kann man sich im Ort mieten. Wer dem Rummel am Strand entfliehen will – vor allem an heißen Tagen ist es voll –, sollte etwa 45 Min. am Strand entlang Richtung Parnassia gehen. Hinter dem modernen Strandpavillon mit Selbstbedienung erstreckt sich der 2500 ha große *Nationalpark Kennemerduinen* mit seiner einzigartigen Dünenlandschaft, seinen Seen und Wäldern. Er ist bequem zu Fuß zu durchwandern. Farbige Wegweiser kennzeichnen die Rundwege, Informationstafeln stehen am Parkeingang.

MIT DEM ZUG NACH HAARLEM UND LEIDEN

Die Umgebung von Amsterdam bietet eine Fülle an Sehenswürdigkeiten und Attraktionen. Am schönsten ist eine Bahnfahrt von Amsterdam via Haarlem nach Leiden zur Zeit der Blumenblüte zwischen März und Mai. Dauer: 1–2 Tage

Haarlem **[122 B4]** ist umgeben von Blumenfeldern, und der Turm der Grote Kerk überragt die Stadt. Ein Erlebnis ist die Ankunft im Ziegelsteinbau des Bahnhofs, reiner Jugendstil. Das ehemalige Altmännerhaus der Stadt ist heute ein nach Frans Hals (1580–1660), dem berühmtesten Haarlemer Maler, benanntes Museum *(Groot Heiligland 62, Di–Sa 11–17, So 13–17 Uhr, 3,60 Euro)*. Die Werke der Maler der Haarlemer Schule, die als Wegbereiter der niederländischen Malerei gelten, bilden den Mittelpunkt. Eindrucksvoll die acht Gruppenbilder der Haarlemer Regenten und Schützengilden. Im Zentrum des Vierflügelbaus befindet sich der wohl schönste Museumsgarten des Landes. Er diente damals nicht nur den Pensionären zur Entspannung, hier gab die Stadt auch Empfänge.

Am Grote Markt steht das auffallendste Gebäude der Stadt, die spätgotische Kreuzbasilika *St. Bavo* oder *Grote Kerk*, gekrönt von einem 80 m hohen und schlanken Turm. Klingendes Schmuckstück: die weithin bekannte Orgel mit 5000 Pfeifen, 1738 von Christian Müller erbaut. Komponisten und Musiker wie Wolfgang Amadeus Mozart, Franz Liszt und Albert Schweitzer spielten darauf. An der anderen Seite vom Grote Markt das *Rathaus* und an der Südseite die *Vleeshal*, im Stil der Renaissance erbaut. Rund um den Markt laden Caféterrassen und Bistros ein.

Insider Tipp

Anschließend genießt man die Zugfahrt durch die Blumenfelder nach *Leiden* **[122 A6]**. Einem gewaltigen Gemälde gleich, scheinen die Tulpen-, Narzissen- und Hyazinthenfelder am Zugfenster vorüberzufliegen. Keine andere Blume wird so nachdrücklich mit Holland in Verbindung gebracht wie die aus Kleinasien stammende Tulpe. Das Zwiebelgewächs ist nicht nur neben Mühle und Holzschuh das Wahrzeichen Hollands, sondern war auch das Statussymbol der Kaufleute im Goldenen Zeitalter.

Durch das historische Leiden fließt der Alte Rhein, der Oude Rijn. An der berühmten Universität sind rund 30 000 Studenten eingeschrieben. Auch Mitglieder des Königshauses, darunter Königin Beatrix und Thronfolger Willem Alexander, studierten hier. Aus Leiden stammen so bekannte Maler wie Lucas van Leyden, Jan Steen und Rembrandt van Rijn.

Vom Bahnhof bis zum Rembrandtpark kann man einen Spaziergang auf den Spuren des jungen Rembrandt unternehmen. Ein Stadtplan mit der eingezeichneten Route ist am Bahnhof beim *VVV (Stationsweg 2d, Preis 1,82 Euro)* erhältlich. Sie folgen der Steenstraat in Richtung Zentrum. Am Kort Galgewater wurde in einer ehemaligen Zimmermannswerkstatt (1612) die Malstube von Rembrandt so rekonstruiert, wie sie ausgesehen haben könnte. Der Weg führt an der Mühle De Put über die hölzerne Grachtenbrücke zum Weddesteg – an Rembrandts Geburtshaus wurde eine Gedenktafel angebracht. Durch die Rembrandtstraat und die Groenhazengracht kommt man zum Doelensteg. Dort befindet sich eines der schönsten der rund 30 *hofjes*, das idyllische *Eva van Hoogeveenhofje* aus dem 17. Jh. An der Gracht Rapenburg, der wohl romantischsten von ganz Holland, befindet sich das archäologische *Museum van Oudheden (Rapenburg 28, Di–Fr 10–17, Sa/So 12–17 Uhr, Eintritt 6 Euro)*, 1818 gegründet. Mittelpunkt ist der nubische Tempel von Taffeh. Ein Abstecher zum Akademiegebäude am Rapenburg 73 lohnt sich, da sich dahinter der bereits 1590 angelegte *Botanische Garten (Rapenburg 73, Mo–Sa 9–17, So 10–17 Uhr, kein Eintritt)* erstreckt. Hier blühten 1594 die ersten Tulpen in Holland. Am Schoolsteg/Ecke Lokhorststraat befindet sich das Gebäude der Latein-

Insider Tipp

schule, die Rembrandt 1614 bis 1620 besuchte. Idyllisch das Viertel rund um die spätgotische *St. Pieterskerk.* Der Spaziergang führt weiter vorbei am Rathaus mit seiner hübschen Renaissancefassade, zum Vismarkt und zum Aalmarkt mit dem aus 1658 stammenden Gebäude der Stadtwaage. Hier und am Stille Mare befinden sich zahlreiche Terrassencafés und Restaurants. An der Binnenvestgracht 1a treffen Sie auf die siebenstöckige Getreidemühle *De Valk,* in der zum ersten Mal 1743 Korn gemahlen wurde. Sie ist zum Museum ausgebaut worden.

AUSFLUG NACH NOORDHOLLAND

Mit dem Auto geht es durch die altholländische Landschaft nach Alkmaar und weiter durch das Polderland, bis die historischen Städte Hoorn und Enkhuizen erreicht sind, die sich für schöne Spaziergänge anbieten. Länge: 120 km, Dauer: 1–2 Tage

Als Tor zur »Halbinsel Holland«, wie sich Noordholland nennt, gilt *Alkmaar* **[122 B1–2]**, das man von Amsterdam aus am besten über die A8 und A9 erreicht. Die Stadt ist nicht nur wegen des folkloristischen Käsemarktes, der zwischen April und September an jedem Freitagmorgen *(10–12 Uhr)* nach Zunftregeln von 1751 zelebriert wird, einen Besuch wert, sondern weil Alkmaar eine echte altholländische Stadt ist. Sehenswert das historische Zentrum mit Grachten und Gebäuden aus jener Epoche, als die Stadt im 80-jährigen spanisch-niederländischen Glaubenskrieg reich und mächtig war. Der Ausflug führt von Alkmaar aus entlang des Noordhollandskanaal über die Friesenbrücke und den Friesenweg (Straße N243) über Schermerhorn nach Hoorn, der alten Hauptstadt von Westfriesland. Malerisch links und rechts der Landstraße Mühlen, die das tiefer liegende Land trockenpumpen. Insi Tip

Hoorn **[123 D1]** war früher ein wichtiger Hafen der Zuiderzee für den Handel zwischen Holland und den Ostseeländern. Wer heute durch die Gassen dieser altholländischen Stadt geht, findet noch Spuren, die von den glorreichen Zeiten zeugen. In den Gassen stehen noch historische Gebäude wie die Waage, gegenüber das 1632 erbaute Proostenhuis, damals Sitz des Rates von Westfriesland und heute *Westfries Museum (Di–Fr 11–17, Sa/So 14–17 Uhr, Eintritt 2,50 Euro)*; neben zahlreichen Schützenbildern sind auch Zeugnisse zur Stadtgeschichte zu sehen. Auf dem Platz das Standbild des Jan Pieterszoon Coen, der als skrupelloser Gouverneur von Batavia (heute Jakarta) bekannt geworden ist. Hoorn wurde im 14. Jh. als Niederlassung niederdeutscher Kaufleute gegründet. Im 18. Jh. – als Folge der englischen Kriege – trat der Verfall ein, im 19. Jh. wurden nutzlos gewordene Hafenbecken zugeschüttet. Mit dem Bau des Abschlussdeiches wurde auch Hoorn – ebenso wie die anderen Seefahrerstädte an der Zuiderzee – vom offenen Meer abgeschnitten. Tourismus und Wassersport sind heute die Erwerbsquellen in den Orten am IJsselmeer.

In vier Hafenbecken können bis zu 1100 Yachten und Kajütboote festmachen. Im Sommer und an Wochenenden wird es rund um den alten Hafen turbulent, und er erweckt den Eindruck, ein deutscher Yachthafen zu sein – nicht immer zur Freude der Anwohner. Mit Gleichmut blicken die drei bekanntesten Schiffsjungen Althollands – Padde, Hajo und Rolf – von ihrem Denkmal über den Trubel an der Kaimauer hinweg und halten Ausschau nach Segeln an der Kimm.

Von Hoorn sind es noch rund 20 km bis *Enkhuizen* **[123 E1]**, eine historische Stadt, in der noch viel vom Charme altholländischer Seefahrerorte bewahrt geblieben ist. Von der Stadtbefestigung steht noch der mächtige Rundturm, *Dromedaris* genannt. In dem 1540 erbauten und 1649 erhöhten Turm befand sich ein Gefängnis. Vom Turm *(Eintritt frei)* hat man einen schönen Rundblick über Hafen und Stadt. Überragt wird Enkhuizen vom 75 m hohen Turm der *St. Pancras-* oder *Zuiderkerk*. In der Westerstraat, in der noch zahlreiche Patrizierhäuser stehen, erhebt sich die dreischiffige gotische Hallenkirche *St. Gommarus* aus dem 15. und 16. Jh. Enkhuizen ist vor allem als Wassersportzentrum bekannt. Im Buitenhaven liegen die historischen Boote, mit denen zahlende Gäste in Richtung IJsselmeer segeln (z. B. mit *De Zeilvaart, Stationsplein 3, Tel. 0228/31 24 24)*.

Die Sehenswürdigkeit ist jedoch das *Rijksmuseum Zuiderzee (Wierdijk 12–22, innen tgl. 10–17 Uhr, außen April–Okt. tgl. 10–17 Uhr, Eintritt 9,50 Euro, www.zuiderzeemuseum.nl)*, mit Innen- und Freilichtmuseum. Das Innenmuseum zeigt ein Lagerhaus der VOC aus dem 17. Jh., das Außenmuseum dokumentiert die alte Handwerker- und Fischereikultur der ehemaligen Zuiderzee (heute IJsselmeer). Rund 135 Gebäude aus mehreren Dörfern wurden hier originalgetreu wieder aufgebaut und im Stil ihrer Zeit (1880–1932) eingerichtet. Damit das Museum auch »lebt«, wird u. a. in der Wäscherei, dem Bootshaus, der Korbflechterei gearbeitet. Sind Krämerläden und Café geöffnet, wird frisch geräucherter Aal oder Bückling warm aus der Fischräucherei verkauft.

Die Käseträger von Alkmaar können Sie im Sommer jeden Freitag bewundern

Angesagt!

Events, Meetings und Aktionen, die Sie kennen und nicht verpassen sollten!

BoomBar

Die »grooviest Bar« der Stadt nennt sich dieser turbulente Treffpunkt mit Liegeecken, bunten Cocktails und kreativen DJs. Freitagnacht ab 23.30 Uhr kann man am spaßigen »Late Nite Theater« teilnehmen. *Leidseplein 22, Tel. 423 01 01, www.boomchicago.nl, Tram: 1, 2, 5 (Leidseplein)*

Comedy Café

Gelächter liegt in der Grachtenstadt im Trend. Im Comedy Café wird Stand-up Comedy nach amerikanischem Vorbild, mal mit niederländischen, mal mit englischsprachigen Komikern, geboten. Besonders beliebt ist die wöchentliche Improvisationsshow. *Max Euweplein 43–45, Tel. 638 39 71, www.comedycafe.nl, Tram: 1, 2, 5, 7, 10 (Leidseplein)*

Friday Night Skate

Jeden Freitag treffen sich Inlinerfans während der Sommermonate im Vondelpark. An der rund 15 km langen Tour nehmen an warmen Abenden bis zu 3000 Skater teil. Mitmachen ist angesagt. Treffpunkt: 20 Uhr, Filmmuseum. Wer ohne eigene Schuhe mit acht Rollen kommt, dem hilft *Rent A Skate, Eingang Amstelveenseweg, Mai–Okt. tgl. ab 11 bis Sonnenuntergang, Tel. 654 66 22 62, www.rentaskate.nl*

Freilufttheater Vondelpark

Im Sommer drängt Jung und Alt sonntagnachmittags in den Vondelpark, denn dann werden Musik- und Theatervorstellungen auf der dortigen Freiluftbühne gegeben. Alle Vorstellungen sind gratis. *Vondelpark Openlucht Theater, Tel. 523 77 90,www.openluchttheater.nl*

Concertgebouw am Sonntag

Treffpunkt für Frühaufsteher am Sonntagmorgen, entweder zum klassischen Konzert *(11–12 Uhr)* oder nur zum Angucken. *Concertgebouwplein 2–6, Tel. 671 83 45, Führungen 9.30 Uhr, www.concertgebouw.nl, Tram: 2, 3, 5, 12, 16, 20 (Concertgebouw)*

Von Amsterdam-Pass bis Zoll

Hier finden Sie kurz gefasst die wichtigsten Adressen und Informationen für Ihre Amsterdam-Reise

AMSTERDAM-PASS

Der Amsterdamer Kultur- und Freizeitpass ist für 1, 2 oder 3 Tage erhältlich. Mit dieser Chipkarte kann man nicht nur an einer Grachtenfahrt teilnehmen und die öffentlichen Verkehrsmittel benutzen, sondern hat auch freien Zugang zu einigen Museen, u. a. Van Gogh und Rijksmuseum. Außerdem sind Preisnachlässe für einige Attraktionen und Restaurants enthalten. Der Pass kostet 26 Euro (1 Tag), 36 Euro (2 Tage) oder 46 Euro (3 Tage). Man erhält ihn bei den Filialen des VVV (Amsterdam Tourist Office) und im Kaufhaus V & D in der Kalverstraat.

ANREISE

Auto

Die Autobahnen in Holland sind gut ausgebaut, vor Amsterdam aber leider ständig verstopft. Im gesamten Zentrum ist das Parken täglich 9–24 Uhr gebührenpflichtig. Eine Stunde kostet 2,80 Euro. Tipp: Nahe der *Amsterdam ArenA,* dem gewaltigen neuen Stadion des Ajax Amsterdam, gibt es das Parkhaus *Transferium*: an der A 9, Afrit (Ausfahrt) 2, Richtung Bijlmermeer, Station Bijlmer. Das Parken kostet dort pro Tag 14,50 Euro, mit Park & Ride nur 5,50 Euro inkl. zwei Metrotickets.

Bahn

Am bequemsten und einfachsten ist die Anreise mit der Bahn. 10 Mal täglich verbinden EC und ICE z. B. Köln und Amsterdam. Interregios fahren zweimal täglich von Berlin über Osnabrück (Anschluss von Hamburg aus) nach Amsterdam. Seit Ende 2002 fährt die CityNightLine über Nacht von Zürich bzw. München nach Amsterdam. Alle Züge kommen in Amsterdam-CS (Centraal Station) an. Im Bahnhof finden Sie eine Wechselstube, Cafés, einen Meeting Point. Am Bahnhofsvorplatz fahren die Tramlinien ab, und es stehen Taxis zur Verfügung.

Flugzeug

Flüge aus dem Ausland landen auf dem Amsterdamer Zentralflughafen Schiphol. Von den großen deutschen und europäischen Flughäfen fliegen mehrmals täglich Maschinen nach Amsterdam. Ins 18 km entfernte Stadtzentrum kommen Sie am schnellsten und preiswertesten mit der Bahn (alle 15

Min., Fahrpreis 3 Euro, Fahrzeit 20 Min.). Ein Taxi kostet etwa 40 Euro. Der KLM-Shuttle-Bus fährt 2 Mal pro Stunde diverse 4- und 5-Stern-Hotels an. *Information Schiphol: Tel. 0900/01 41*

AUSKUNFT VOR DER REISE

Niederländisches Fremdenverkehrsamt (VVV)
In Deutschland
Niederländisches Büro für Tourismus (NBT), Postfach 270580, 50511 Köln, Tel. 01805/34 33 22 (Mo–Fr 9–19 Uhr), Fax 01805/34 33 20, www.niederlande.de, www.visitamsterdam.nl

In Österreich
Tel. 01805/34 33 20. Persönliche Auskunft nur in Köln

In der Schweiz
Tel. 0800/88 05 80. Persönliche Auskunft nur in Köln

AUSKUNFT IN AMSTERDAM

Amsterdam Tourist Board
Vermittlung von Hotel- und Pensionszimmern gegen Gebühr. Es gibt Infomaterial, Stadtrundfahrten und -rundgänge. Im Sommer müssen Sie mit langen Wartezeiten rechnen.

Büros: Stationsplein 10 (gegenüber dem Hauptbahnhof), tgl. 9–17 Uhr; Stationsplein, Perron 2 B 15 (im Bahnhof), Mo–Sa 8–20, So 9–17 Uhr; Flughafen Schiphol, Ankunftshalle, tgl. 7–22 Uhr; De Ruyterkade 5, Mo–Fr 9–19 Uhr. Tel. aller VVV: 0900/400 40 40, www.vvv.nl, www. amsterdamtourist.nl

DIEBSTÄHLE

Die Warnungen der Polizei vor Taschendieben sollte man wirklich sehr ernst nehmen. Auf keinen Fall

www.marcopolo.de

Das Reiseweb mit Insider-Tipps

Mit Informationen zu mehr als 4 000 Reisezielen ist Marco Polo auch im Internet vertreten. Sie wollen nach Paris, in die Dominikanische Republik oder ins australische Outback? Per Mausklick erfahren Sie unter www.marcopolo.de das Wissenswerte über Ihr Reiseziel. Zusätzlich zu den Reiseführerinfos finden Sie online:

- täglich aktuelle Reisenews und interessante Reportagen
- regelmäßig Themenspecials und Gewinnspiele
- Miniguides zum Ausdrucken

Gestalten Sie Marco Polo im Web mit: Verraten Sie uns Ihren persönlichen Insider-Tipp, und erfahren Sie, was andere Leser vor Ort erlebt haben. Und: Ihre Lieblingstipps können Sie in Ihrem Marco Polo Notizbuch sammeln. Entdecken Sie die Welt mit www.marcopolo.de! Holen Sie sich die neuesten Informationen, und haben Sie noch mehr Spaß am Reisen!

Wertsachen und Autoradios im Pkw zurücklassen. Im Hotel gehören alle Wertsachen in den Safe. Besondere Vorsicht ist in Zügen, Bahnhöfen, Straßenbahnen, in Fußgängerzonen und auf Wochenmärkten geboten – generell überall dort, wo sich viele Touristen drängen.

DIPLOMATISCHE VERTRETUNGEN

Deutsches Konsulat [119 F2]
Honthorststraat 36–38, 1071 DG Amsterdam, Tel. 574 77 00, Mo bis Fr 9–12 Uhr, Tram: 2, 3, 5, 12, 16 (Concertgebouw)

Österreichische Botschaft
2597 AS Den Haag, Van Alkemadelaan 342, Tel. 070/324 54 70, Mo–Fr 10–12 Uhr

Schweizerisches Konsulat [119 F2]
1071 DR Amsterdam, Johannes Vermeerstraat 16, Tel. 6644231, Mo–Fr 10–12 Uhr, Tram: 16, Vermeerplein

FAHRRÄDER

Fahrradfahrer sollten großstadtsicher sein. Der Verkehr in Amsterdam ist ist hektisch, und Unfälle mit Radfahrern häufen sich.
Rent A Bike, kein Ruhetag, Damrak 247, Tel. 622 32 07, 5 Minuten zu Fuß vom Hauptbahnhof
Mac Bike, Mr. Visserplein 2, Tel. 620 09 85, Metro: Nieuwmarkt
Take A Bike, Stationsplein 12, direkt gegenüber dem Hauptbahnhof, Tel. 624 83 91, alle Tramlinien
Die Tagesmiete für ein Fahrrad beträgt ca. 6 Euro, die obligatorische Kaution 50 Euro.

INTERNET

www.aub.nl (Tipps und Adressen zum Nachtleben)
www.dinnersite.nl (Restaurants)
www.theater.nl (Spielpläne der wichtigsten Theater)
www.schiphol.nl (Internationaler Flughafen Amsterdam-Schiphol)
www.visit.amsterdam.nl (Touristische Infos und Hotelreservierung)

INTERNETCAFÉS

Easy Everything, das größte Internetcafé der Stadt. *650 Anschlüsse, tgl. 24 Std., Reguliersbreestraat 22, Tram: 4 (Rembrandtplein)*; *The Internet Café (Nieuwendijk 30, nahe Hauptbahnhof)*

LITERATUR

Adri van der Heijden, ein gefeierter Schreiber der modernen niederländischen Literatur, lässt in seinem Buch *Der Anwalt der Hähne* die wilden Jahre der Hausbesetzerszene lebendig werden. *Harry Mulisch* behandelt in *Das Attentat* die Zeit der deutschen Besatzung während des Zweiten Weltkrieges. Die Stadt ist Mittelpunkt der *Amsterdam-Biographie* von *Geert Mak*. Amsterdam bildet auch die Kulisse der meisten Krimis von *Jan-Willem van de Wetering*, etwa *Die Gier im Zwielicht* und *Outsider in Amsterdam*.

MUSEUMSJAARKAART (MJK)

Sie lohnt sich, wenn man mehrere Museen besuchen will. Die Jahreskarte muss mit einem Passfoto versehen werden. Preis: 35 Euro, Jugendliche bis 24 Jahre zahlen 15

Euro. Die Karte kann man in jedem Museum an der Kasse kaufen und direkt benutzen. Sie ist nicht nur in Amsterdam, sondern in vielen anderen Museen Hollands gültig.

Bei Museen, die die Jahreskarte akzeptieren, erscheint in diesem Buch nach dem Eintrittspreis der Hinweis »MJK«.

NOTRUF

Notruf, Krankenwagen: 112
Polizei: 112 oder 622 22 22 (Polizeihauptwache Elandsgracht 117)
Feuerwehr: 621 21 21
Ärztl. Notdienst: 900/503 20 43
Zahnärztlicher Notdienst: 0900/35 03 20 42
Erste Hilfe: Kruispost, Oudezijds Voorburgwal 129, Mo–Fr 10–12, 19–21.30, Sa/So 19–22.30 Uhr, Tel. 624 90 31

ÖFFENTLICHE VERKEHRSMITTEL

Für Busse, Metro und Straßenbahn gibt es im ganzen Land einheitliche Streifenkarten, die *strippenkaart*. Erhältlich sind sie an den Fahrkartenschaltern, beim Fremdenverkehrsverein (VVV), bei Zeitungs- und Tabakhändlern und auch beim Fahrer – dort aber teurer. Für die Fahrt zu den meisten Hotels und Sehenswürdigkeiten im Zentrum muss man zwei *strippen* (Streifen) abstempeln. Mit zwei entwerteten Streifen können Sie bis zu einer Stunde fahren. Günstig sind die Tages- und Mehrtageskarten, die allerdings nur beim »GVB Ticket & Info« vor dem Hauptbahnhof erhältlich sind.

Bei Straßenbahnen steigt man meist an der hintersten Tür ein und zeigt dem Schaffner, der dort sitzt, sein Ticket. In Bahnen ohne Schaffner muss man den Fahrschein an den gelben Stempelmaschinen selbst entwerten *(Informationsbüro der Verkehrsbetriebe GVB, Stationsplein 15, Mo–Fr 7–19, Sa/So 8–19 Uhr)*.

Als *Canal Bus* bezeichnet man die flachen Fährschiffe, die die Grachten befahren. Es gibt 3 Routen mit insgesamt 11 Haltestellen, die an den wichtigsten Museen, Sehenswürdigkeiten und Einkaufsstraßen im Stadtzentrum liegen. Während der Fahrt erfahren Sie Wissenswertes über Amsterdam *(Tageskarte 14 Euro, gültig bis zum Folgetag 12 Uhr)*.

ÖFFNUNGSZEITEN

Geschäfte, Supermärkte und Kaufhäuser haben in der Regel Mo–Sa 9–18, Do (manche auch Fr) bis 21, So (Innenstadt) 12–17 Uhr geöffnet. Manche Supermärkte in der Innenstadt sind Mo–Sa bis 22, So bis 20 Uhr offen.

PARKEN

Parkplätze in der City sind rar, teuer und die Polizei kontrolliert streng. Parktickets erhält man an blauen Automaten (Münzen!), die gelben Automaten funktionieren nur mit niederländischen Geldkarten. Kosten pro Stunde in der Innenstadt: *tgl. 9–23 Uhr 2,80 Euro pro Stunde, Ganztagesticket 28, Abendticket (19–23 Uhr) 16,80 Euro*. Außerhalb des Zentrums sind die Parkscheine billiger, sonntags kann man dort gratis parken. Wird man ohne gültigen Parkschein erwischt, bekommt man eine Kralle und zahlt Bußgeld in Höhe von rund 68 Euro. Das Abschleppen kostet etwa 150 Euro.

Kostenpflichtige Parkmöglichkeiten *(20–25 Euro/24 Std.)*: Parkhäuser am Flughafen Schiphol, im Kaufhaus Bijenkorf, am Leidseplein, in der Marnixstraat 250, im Muziektheater (Waterlooplein), am Nieuwezijds Kolk, am Bahnhof, im Byzantium (Tesselschadestraat 1) sowie beim Transferium/Amsterdam ArenA *(14,50 Euro/Tag, mit Park & Ride nur 5,50 Euro inkl. zwei Metrotickets)*.

POST

Die Post erkennt man an der Abkürzung TPG. Öffnungszeiten: *Mo, Di, Mi, Fr 9–18, Do 9–20, Sa bis 13.30 Uhr. Hauptpostamt: Singel 250–256, Tram: 1, 2, 5, 13, 17, Dam*

Das Porto für Briefe (bis 20 g) und Postkarten ins europäische Ausland beträgt 55 Cent.

PREISE

Dass Amsterdam eine beliebte Touristenstadt ist, spürt man vor allem, wenn man seine Hotelrechnung bezahlt. Auch die Restaurantpreise ziehen immer mehr an, und für das Taxi muss man ebenfalls ein wenig mehr bezahlen als zu Hause. Die Lebenshaltungskosten liegen auch etwas höher als in Deutschland, Österreich und der Schweiz.

REISEZEIT

Amsterdam ist das ganze Jahr hindurch ein lohnendes Reiseziel. Die Hochsaison dauert von Ostern bis Juni.

TAXI

Standplätze vor Hotels, am Leidseplein und am Hauptbahnhof. Leer vorbeifahrende Taxis anzuhalten ist (fast) unmöglich. *Tel. 677 77 77*

TELEFON & HANDY

Nationale Auskunft: *0900/80 08*, Auslandsauskunft: *0900/84 18*. Vorwahl nach Deutschland: *0049;* nach Österreich: *0043;* in die Schweiz: *0041*. Vorwahl für Amsterdam: *020;* vom Ausland aus: *0031/20*.

Die Telefonzellen (meist grün) können nur mit der *telecard* genutzt werden, die man bei der Post, in Zeitungsläden oder beim Verkehrsamt (Tourist Board) erhält *(Wert 5 und 10 Euro)*.

Telefonieren Sie mit Ihrem Mobiltelefon innerhalb von Amsterdam, müssen Sie die Vorwahl 020 wählen. Die Niederlande sind dem

Was kostet wie viel?

Kaffee	**2,50 Euro** im Koffiehuis für eine Tasse Milchkaffee
Bier	**1,90 Euro** für ein Glas Bier (0,3 l)
Kino	**7,50 Euro** für einen Kinobesuch
Museum	**7,80 Euro** für einen Museumsbesuch
Lunch	**10 Euro** für ein einfaches Lunch
Tram	**1,40 Euro** für ein Tramticket

europäischen GSM-Standard angeschlossen, Ihr Handy wählt sich automatisch in ein niederländisches Netz, mit dem Ihr Provider ein Roaming-Abkommen abgeschlossen hat, ein. Gebühren werden auch fällig, wenn Sie angerufen werden. Wollen Sie viel telefonieren, könnte es sich lohnen, vor Ort eine Prepaidkarte eines niederländischen Betreibers zu kaufen. Informationen dazu erhalten Sie beim Ihrem Provider.

THEATER & KULTUR

Das monatliche Stadtmagazin »Uitkrant« veröffentlicht Kulturtermine aller Art. Erhältlich beim VVV oder im Uitburo (Ticketshop): *Leidseplein 26, Mo–Sa 9–21 Uhr, Tel. 621 12 11, Tram: 1, 2, 5, 6, 7, 10.* Dort gibt es Karten für diverse Amsterdamer Vorstellungen (Rock- und Pop-, Klassik- und Jazzkonzerte, Ballett und Theater). Telefonischer Kartenvorverkauf: *Tel. 0900/01 91* (Inland) oder *Tel. 0031/ 206 21 12 88* (Ausland).

TRINKGELD

Die Bedienung im Restaurant erwartet bis zu 10 Prozent, ebenso der Taxifahrer. Der Zimmerservice bekommt 2–3 Euro pro Tag.

ZOLL

Waren für den persönlichen Verbrauch dürfen zwischen EU-Ländern zollfrei ein- und ausgeführt werden. Für Schweizer gelten allerdings Obergrenzen, z. B. 200 Zigaretten, 1 l Spirituosen oder 2 l alkoholische Getränke unter 15 Prozent.

Wetter in Amsterdam

	Jan.	Feb.	März	April	Mai	Juni	Juli	Aug.	Sept.	Okt.	Nov.	Dez.
Tagestemperaturen in °C	5	5	9	13	17	20	22	22	19	14	9	6
Nachttemperaturen in °C	1	1	3	6	9	12	15	15	12	8	5	2
Sonnenschein Std./Tag	2	2	4	6	7	7	6	6	5	3	2	1
Niederschlag Tage/Monat	14	11	9	9	9	9	11	11	12	12	14	13
Wassertemperaturen in °C	5	5	6	8	11	13	16	17	16	14	10	8

Spreek jij Nederlands?

»Sprichst du Niederländisch?«
Dieser Sprachführer hilft Ihnen, die wichtigsten Wörter und Sätze auf Niederländisch zu sagen

Zur Erleichterung der Aussprache sind alle niederländischen Wörter mit einer einfachen Aussprache (in eckigen Klammern) versehen.

AUF EINEN BLICK

Ja./Nein.	Ja. [jaa]/Nee. [nee]
Vielleicht.	Misschien. [mischien]
Bitte.	*(Sie)* Alstublieft. [alstüblieft]
	(Du) Alsjeblieft. [alsjeblieft]
Vielen Dank!	Dank u wel. [dank ü wel]
Gern geschehen.	Graag gedaan. [chraach chedaan]
Entschuldigung!	Neemt u mij niet kwalijk. [neemt ü mei niet kwalück]
Wie bitte?	Wat zegt u? [wat zecht ü]
Ich verstehe Sie/dich nicht.	Ik begrijp u/je niet. [ik begreip ü/je niet]
Ich spreche nur wenig …	Ik spreek alleen maar 'n beetje … [ik spreek alleen maar n beetje …]
Können Sie mir bitte helfen?	Kunt u mij alstublieft helpen? [künt ü mei alstüblieft helpen]
Ich möchte …	Ik wil …/Ik zou graag … [ik wil …/ik sau chraach …]
Wie viel kostet es?	Hoe duur is het?/Hoeveel kost het? [hu dühr is hett/hufeel kost hett]
Wie viel Uhr ist es?	Hoe laat is het? [hu laat is hett]

KENNENLERNEN

Guten Morgen!	Goedemorgen! [chujemorchen]
Guten Tag!	Dag!/Goedendag! [dach/chujedach]
Hallo! Grüß dich!	Hallo!/Dag! [halloo/dach]
Mein Name ist …	Mijn naam is … [mein naam is]
Wie ist Ihr Name, bitte?	Wat is uw naam? [wat is ü naam]
Wie heißt du?	Hoe heet je? [hu heet je]
Wie geht es Ihnen/dir?	Hoe gaat het met u/jou? [hu chaht hett mett ü/jau]

Danke, gut. Und Ihnen/dir?	Prima. En met u/jou? [primaa en mett ü/jau]
Auf Wiedersehen!	Tot ziens! [tot siens]

UNTERWEGS

Auskunft

links/rechts	links/rechts [links/rechs]
geradeaus	rechtdoor [rechdoor]
nah/weit	dichtbij/ver [dichbei/ver]
Bitte, wo ist …?	Waar is …? [waar is]
… der Hauptbahnhof	… het centraal station [het sentraalstaaschon]
… die U-Bahn	… de ondergrondse/de metro [de onderchrontse/de meetroo]
… der Flughafen	… de luchthaven/het vliegveld [de lüchthaafen/het vliechvelt]
Wie weit ist das?	Hoe ver is dat? [Hu ver is dat]
Ich möchte … mieten.	Ik ben van plan … te huren. [Ik benn vann plann … te hüren]
… ein Auto …	… een auto … ['n auto]
… ein Fahrrad …	… een fiets … ['n fiets]

Panne

Ich habe eine Panne.	Ik heb pech. [ik heb pech]
Würden Sie mir bitte einen Abschleppwagen schicken?	Wilt u mij alstublieft de sleepdienst/takeldienst sturen? [wilt ü mei alstüblieft de sleepdienst/taakldienst stüren]
Wo ist hier in der Nähe eine Werkstatt?	Waar is hier in de buurt een garage? [waar is hier in de bürt en graasche]

Tankstelle

Wo ist bitte die nächste Tankstelle?	Waar is het dichtsbijzijnde pompstation? [waar is het dichsbeiseinde pompstaaschon]
Ich möchte … Liter …	Ik wil graag … liter … [ik wil chraach … lietr]
… Normalbenzin.	… gewone benzine. [chewohne bensiene]
… Super./Diesel.	… super./diesel. [süper/diesl]

Unfall

Hilfe!	Help! [helüpp]
Achtung!	Let op!/Pas op! [lett op/pas op]
Rufen Sie bitte schnell …	Belt u direct … [belt ü dierekt]
… einen Krankenwagen.	… een ziekenwagen. [n siekewaachn]
… die Polizei.	… de politie. [de poolietsie]
… die Feuerwehr.	… de brandweer. [de branntwehr]

Es war meine/Ihre Schuld.	Het was mijn/uw schuld. [het was mein/üw schült]
Geben Sie mir bitte Ihren Namen und Ihre Anschrift.	Geeft U mij alstublieft uw naam en uw adres. [cheeft ü mei alstüblieft üw naam en üw adress]

ESSEN/UNTERHALTUNG

Wo gibt es hier …	Waar is hier … [waar is hier …]
… ein gutes …	… een goed … [en chut]
… ein nicht zu teures …	… een niet te duur … [en niet te dühr]
… Restaurant?	… restaurant? [restoorant]
Gibt es hier eine gemütliche Kneipe?	Is er hier een gezellig kroegje? [is er hier en chesellich kruchje]
Reservieren Sie uns bitte für heute Abend einen Tisch für vier Personen.	Wilt u (voor ons) voor vanavond een tafel voor vier personen reserveren? [wilt ü (fohr ons) fohr fanaafont en taafl fohr fier persoonen reeserfeern]
Die Speisekarte, bitte!	De kaart, graag! [de kaart chraach]
Ich nehme …	Ik neem … [ik neem]
Auf Ihr Wohl!	Proost!/Op uw gezondheid! [proost/op ü chesontheit]
Die Rechnung, bitte.	De rekening, alstublieft. [de reekeninch, alstüblieft]

EINKAUFEN

Wo finde ich …?	Waar vind ik …? [waar fint ik]
… eine Apotheke?	… een apotheek? [en aapooteek]
… eine Bäckerei?	… een bakkerij? [en bakkerei]
… Fotoartikel?	… fotoartikelen? [footoo-artieklen]
… ein Kaufhaus?	… een warenhuis? [en wahrenheus]
… ein Lebensmittelgeschäft?	… een kruidenier? [en kreudenier]
… einen Markt?	… een markt? [en marückt]
Haben Sie …?	Heeft u …? [heeft ü]

ÜBERNACHTUNG

Können Sie mir bitte … empfehlen?	Kunt u mij … aanbevelen? [künt ü mei … aanbefeelen]
… ein gutes Hotel …	… een goed hotel… [en chut hootel]
… eine Pension …	… een pension … [en penschon]
Haben Sie noch Zimmer frei?	Heeft u nog kamers vrij? [heeft ü noch kaamrs frei]
ein Einzelzimmer	een eenpersoonskamer [en eenpersoonskaamr]

ein Doppelzimmer	een tweepersoonskamer [en tweepersoonskaamr]
mit Dusche/Bad	met douche/bad [met dusch/batt]
mit Blick auf die Gracht	met uitzicht op de gracht [met eutsicht op de chracht]
für eine Nacht	voor een nacht [voor een nacht]
für eine Woche	voor een week [voor een week]
Was kostet das Zimmer mit …	Hoeveel kost logies met … [huveel kost looschies met]
… Frühstück?	… ontbijt? [onntbeit]
… Halbpension?	… halfpension? [halfpenschoon]

PRAKTISCHE INFORMATIONEN

Arzt

Können Sie mir einen guten Arzt empfehlen?	Kunt u mij een goede dokter/arts aanbevelen? [künnt ü mei en chuje doktr/arrts aanbeveelen]
Ich habe hier Schmerzen.	Ik heb hier pijn. [ik hep hier pein]
Ich habe Fieber.	Ik heb koorts. [ik hep koorts]

Post

Was kostet …	Hoeveel kost [huveel kost] …
… ein Brief …	… een brief … [en brief]
… eine Postkarte …	… een briefkaart … [en briefkaart]
… nach Deutschland?	… naar Duitsland? [naar döitslant]
Eine Briefmarke, bitte.	Een postzegel, alstublieft. [en posseechel alstüblieft]

ZAHLEN

0	nul [nül]	16	zestien [sestien]	90	negentig [neechentich]
1	één [een]	17	zeventien [seefentien]	100	honderd [hondert]
2	twee [tweh]	18	achttien [achtien]	200	tweehonderd [twehhondert]
3	drie [drie]	19	negentien [neechentien]	1000	duizend [deusent]
4	vier [vier]	20	twintig [twintich]	10000	tienduizend [tiendeusent]
5	vijf [feif]	21	één-en-twintig [een en twintich]	1/2	een half [ünn half]
6	zes [ses]	30	dertig [dertich]	1/4	een vierde, een kwart [ünn vierde, ünn kwart]
7	zeven [seefen]	40	veertig [veertich]		
8	acht [acht]	50	vijftig [feiftich]		
9	negen [neechen]	60	zestig [sestich]		
10	tien [tien]	70	zeventig [seefentich]		
11	elf [ellüff]	80	tachtig [tachtich]		
12	twaalf [twaalüff]				
13	dertien [dertien]				
14	veertien [veertien]				
15	vijftien [feiftien]				

Cityatlas Amsterdam

Die Seiteneinteilung für den Cityatlas finden Sie auf dem hinteren Umschlag dieses Reiseführers

Mit freundlicher Unterstützung von

kein urlaub ohne
holiday
autos

www.holidayautos.com

anzeige

total relaxed in den urlaub: einsteiger-übung

1. lehnen sie sich entspannt zurück und gleiten sie in gedanken zu den cleveren angeboten von holiday autos. stellen sie sich vor, als weltgrösster vermittler von ferienmietwagen bietet ihnen holiday autos
   - mietwagen in über 80 urlaubsländern
   - zu äusserst attraktiven preisen

2. vergessen sie jetzt die üblichen zuschläge und überraschungen. dank
   - alles inklusive tarife
   - wegfall der selbstbeteiligung
   - und min. 1,5 mio € haftpflichtdeckungssumme (usa: 1,1 mio €)

   steht ihr endpreis bei holiday autos von anfang an fest.

3. nehmen sie ganz ruhig den hörer, wählen sie die telefonnummer **0180 5 17 91 91** **(12cent/min)**, surfen sie zu **www.holidayautos.com** oder fragen sie in ihrem reisebüro nach den topangeboten von holiday autos!

kein urlaub ohne
holiday autos

Kartenlegende Cityatlas

Autosnelweg Autobahn	Motorway Autoroute
Weg met vier rijstroken Vierspurige Straße	Road with four lanes Route à quatre voies
Weg voor dorgaand verkeer Durchgangsverkehr	Thoroughfare Route de transit
Hoofdweg Hauptstraße	Main road Route principale
Overige wegen Sonstige Straßen	Other roads Autres routes
Parkeerplaats - Informatie Parkplatzrk - Information	Parking place - Information Parking - Information
Straat met eenrichtingsverkeer Einbahnstraße	One way road Rue à sens unique
Voetgangerszone Fußgängerzone	Pedestrian zone Zone piétonne
Belangrijke spoorweg met station Hauptbahn mit Bahnhof	Main railway with station Chemin de fer principal avec gare
Overige spoorweg Sonstige Bahn	Other railway Autres ligne
Ondergrondse spoorweg U-Bahn	Subway Métro
Tram - Buslijn Straßenbahn - Buslinie	Tramway - Bus-route Tramway - Ligne d'autobus
Autoveer - Veerpont Autofähre - Personenfähre	Car ferry - Passenger ferry Bac pour automobiles - Bac pour piétonnes
Aanlegplaats - Sluis Anlegestelle - Schleuse	Landing stage - Lock Embarcadère - Écluse
Bezienswaardige kerk - Kerk Sehenswerte Kirche - Kirche	Church of interest - Church Église remarquable - Église
Synagoge - Moskee Synagoge - Moschee	Synagogue - Mosque Synagogue - Mosquée
Monument - Politiebureau Denkmal - Polizeistation	Monument - Police station Monument - Poste de police
Postkantoor Postamt	Post office Bureau de poste
Ziekenhuis - Jeugdherberg Krankenhaus - Jugendherberge	Hospital - Youth hostel Hôpital - Auberge de jeunesse
Vliegveldbus - Kampeerterrein Flughafenbus - Campingplatz	Airport bus - Camping site Bus d'aéroport - Terrain de camping
Windmolen Windmühle	Windmill Moulin à vent
Bebouwing - Openbaar gebouw Bebaute Fläche - Öffentliches Gebäude	Built-up area - Public building Zone bâtie - Bâtiment public
Industrieterrein - Park, bos Industriegelände - Park, Wald	Industrial area - Park, forest Zone industrielle - Parc, bois
Stadsgrens Stadtgrenze	Municipal boundary Limite municipale
Wandelingen door de stad Stadtspaziergänge	Walking tours Promenades en ville

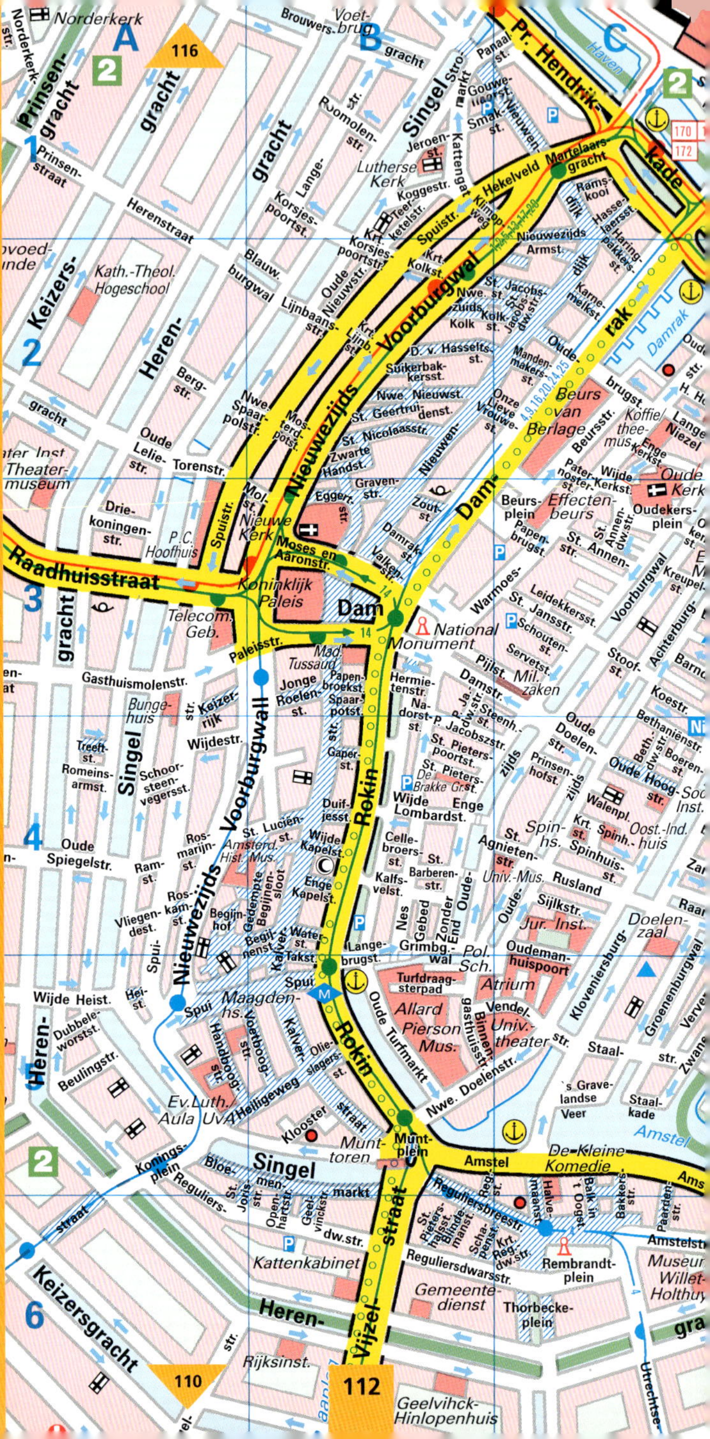

A
B
C
116
110
112
2
1
2
3
4
5
6
Norderkerk
Noorderkerkstr.
Brouwersgracht
Voetbrug
Prinsengracht
Prinsenstraat
Herenstraat
Keizersgracht
Kath.-Theol. Hogeschool
Herengracht
Blauwburgwal
Lijnbaanssteeg
Korsjespoortst.
Langestr.
Roomolenstr.
Singel
Lutherse Kerk
Jeroensteeg
Koggestr.
Kattengat
Stromarkt
Gouwenaarsst.
Smakst.
Nieuwendijk
Panaalst.
Pr. Hendrikkade
Haven
Martelaarsgracht
Hekelveld
Spuistr.
Kimpoweg
Ramskooi
Hasselaersst.
Haringpakkerssteeg
Nieuwezijds Armst.
Nieuwezijds Kolk
Nieuwezijds Voorburgwal
St. Jacobsstr.
St. Jacobsdw.str.
Kolksteeg
Karnemelkst.
Damrak
Oude Nieuwstr.
Bergstr.
Nwe. Spaarpolstr.
Mosterdpotst.
D. v. Hasseltsst.
Suikerbakkersst.
Nwe. Nieuwst.
St. Geertruidenst.
St. Nicolaasstr.
Zwarte Handst.
Mandenmakersst.
Onze Lieve Vrouwest.
Beurs van Berlage
Beursstr.
Koffie/theemus.
Brugst.
Oude Kerk
Oudekerksplein
Oude Leliestr.
Torenstr.
Theater Inst.
Theatermuseum
Driekoningenstr.
P.C. Hoofhuis
Molst.
Nieuwe Kerk
Eggerstr.
Gravenstr.
Zoutst.
Beursplein
Effectenbeurs
Papenbrugst.
Warmoesstr.
St. Annenstr.
Raadhuisstraat
Moses en Aaronstr.
Koninklijk Paleis
Dam
Damrakst.
Valkenst.
National Monument
Telecom. Geb.
Paleisstr.
Mad. Tussaud
Gasthuismolenstr.
Bungehuis
Keizersrijk
Jonge Roelenst.
Papenbroekst.
Spaarpotst.
Hermietenstr.
Nadorstst.
Damstr.
Leidekkersst.
St. Jansstr.
Schoutenst.
Servetst.
Mil. zaken
Pijlst.
Wijdestr.
Gaperst.
P. Jacobszstr.
St. Pietersportst.
St. Pietershalst.
De Brakke Grd.
Oudezijds Voorburgwal
Oude Doelenstr.
Prinsenhofst.
Oude Hoogstr.
Kloveniersburgwal
Stoofst.
Achterburgwal
Koestr.
Bethaniënstr.
Treeftst.
Romeinsarmst.
Schoorsteenvegersst.
Duifjesst.
Wijde Lombardst.
Enge Lombardst.
Walenpl.
Oost.-Ind. huis
Oude Spiegelstr.
Ramst.
Rosmarijnst.
Amsterd. Hist. Mus.
St. Luciënst.
Wijde Kapelst.
Enge Kapelst.
Rokin
Cellebroersst.
St. Barberenstr.
Kalfsvelst.
St. Agnietenstr.
Univ.-Mus.
Spinhuisst.
Rusland
Nes
Gebed zonder End
Oudezijds
Sijlkstr.
Jur. Inst.
Doelenzaal
Vliegendest.
Roskamst.
Begijnhof
Gedempte Begijnensloot
Kalverstr.
Waterst.
Taksteeg
Langebrugst.
Grimbg.
Pol. Sch.
Oudemanhuispoort
Atrium
Spui
Turfdraagsterpad
Allard Pierson Mus.
Binnengasthuisstr.
Vendelstr.
Univ.-theater
Staalstr.
Groenenburgwal
Wijde Heist.
Heist.
Nieuwezijds
Spuistr.
Maagdenhs.
Voetboogstr.
Handboogstr.
Dubbelworststr.
Beulingstr.
Oude Turfmarkt
Olieslagersst.
Heiligeweg
Ev.Luth./Aula UvA
Klooster
Munttoren
Muntplein
Nwe. Doelenstr.
's Gravelandse Veer
Staalkade
Amstel
De Kleine Komedie
Koningsplein
Bloemenmarkt
Reguliersstraat
St. Jorisst.
Openhartst.
Geelvinckstr.
Reguliersdw.str.
Reguliersbreestr.
Halvemansst.
Balk in 't Oogst.
Bakkersstr.
Paardenstr.
Amstelstr.
Rembrandtplein
Museum Willet-Holthuysen
Kattenkabinet
Reguliersdwarsstr.
Gemeentedienst
Thorbeckeplein
Vijzelstraat
Rijksinst.
Geelvinck-Hinlopenhuis
Utrechtsestr.
170
172
14
1,2,5,13,17,20
4,9,16,20,24,25

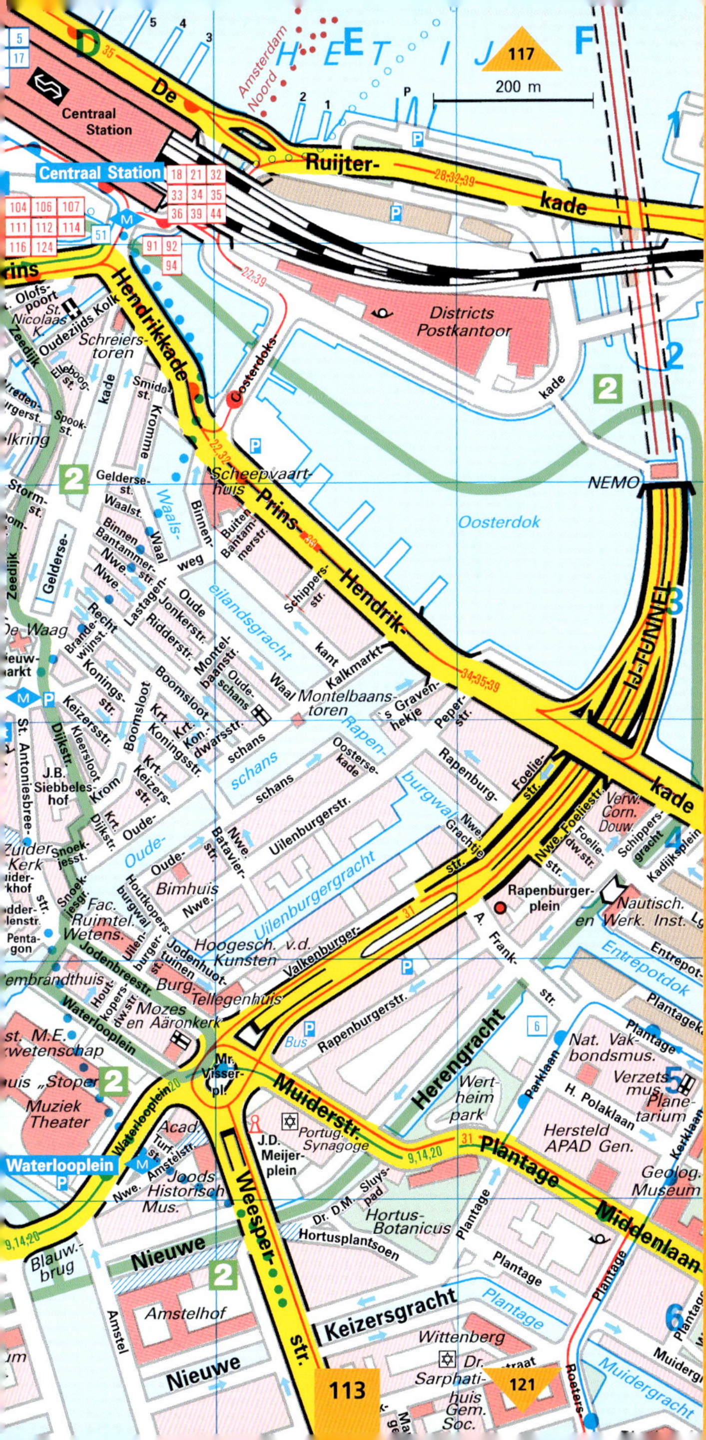

Het IJ
D
E
F
117
200 m
Centraal Station
Amsterdam Noord
De Ruijterkade
Districts Postkantoor
Oosterdokskade
Oosterdok
NEMO
IJ-TUNNEL
Prins Hendrikkade
Scheepvaarthuis
Schreierstoren
St. Nicolaas K.
Oudezijds Kolk
Zeedijk
Geldersekade
Kromme Waal
Binnenkant
Buiten Bantammerstr.
Schippersstr.
Kalkmarkt
Waalseilandsgracht
Oude Waal
Oude Schans
Montelbaanstoren
Montelbaansstr.
Jonkerstr.
Ridderstr.
Boomssloot
De Waag
Nieuwmarkt
St. Antoniesbreestr.
Zuiderkerk
J.B. Siebbeleshof
Rapenburgwal
Rapenburg
Oosterse kade
Uilenburgerstr.
Uilenburgergracht
Peperstr.
's Gravenhekje
Foeliestr.
Nwe. Foeliestr.
Verw. Corn. Douw.
Schippersgracht
Kadijksplein
Rapenburgerplein
Nautisch. en Werk. Inst.
Entrepotdok
Valkenburgerstr.
Hoogesch. v.d. Kunsten
Bimhuis
Oude Schans
Houtkopersburgwal
Jodenbreestr.
Rembrandthuis
Jodenhouttuinen
Burg. Tellegenhuis
Mozes en Aäronkerk
Waterlooplein
Muziek Theater
Mr. Visserpl.
Muiderstr.
Plantage Middenlaan
Herengracht
Wertheim park
Parklaan
H. Polaklaan
Nat. Vakbondsmus.
Verzetsmus.
Planetarium
Hersteld APAD Gen.
Geolog. Museum
Kerklaan
Portug. Synagoge
J.D. Meijerplein
Joods Historisch Mus.
Nwe. Amstelstr.
Weesperstr.
Hortus Botanicus
Hortusplantsoen
Dr. D.M. Sluyspad
Plantage
Plantage Muidergracht
Nieuwe Keizersgracht
Nieuwe Herengracht
Amstelhof
Amstel
Blauwbrug
Wittenberg
Dr. Sarphatihuis
Gem. Soc.
Roetersstr.
Muidergracht
113
121

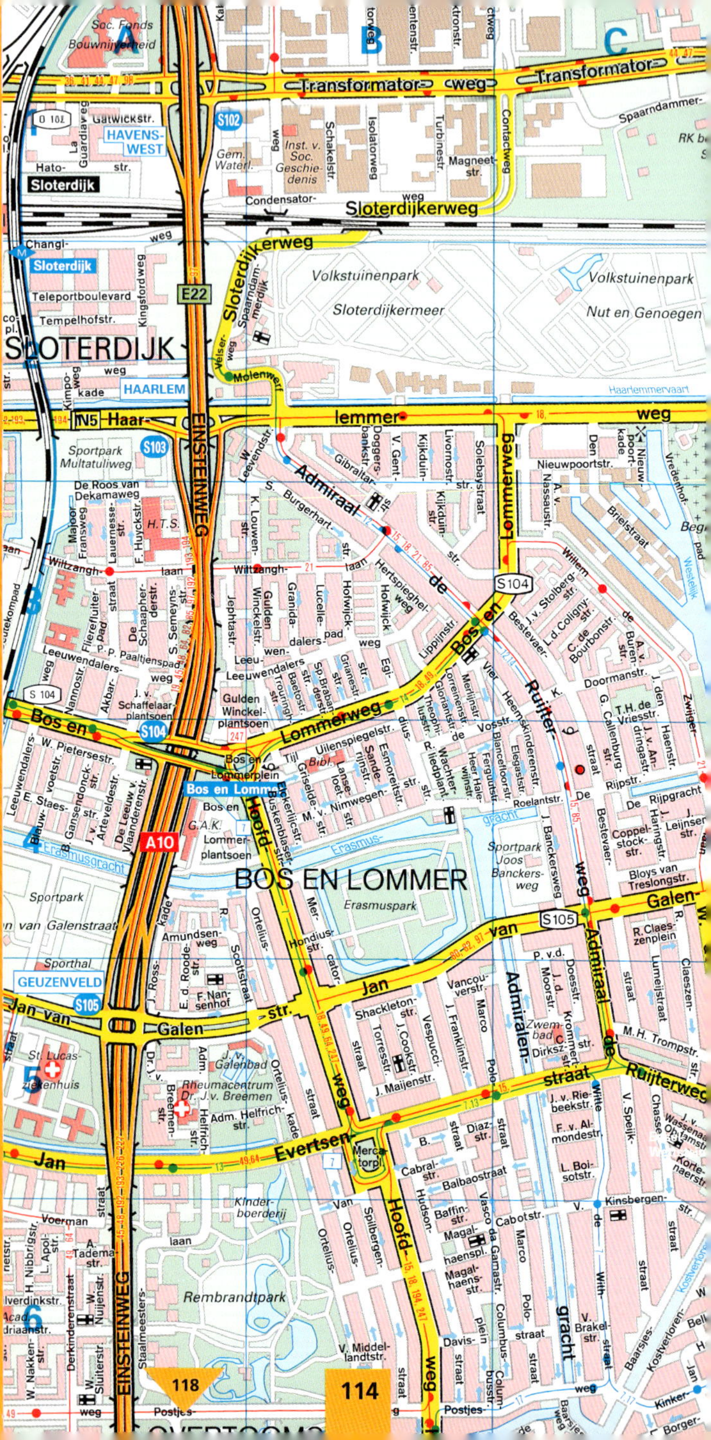
A
B
C
Soc. Fonds Bouwnijverheid
Transformatorweg
Spaarndammer-
RK b
Gatwickstr.
La Guardiaweg
HAVENS-WEST
Hato-str.
Sloterdijk
Gem. Waterl.
Inst. v. Soc. Geschiedenis
Schakelstr.
Isolatorweg
Turbinestr.
Magneetstr.
Contactweg
Condensatorweg
Sloterdijkerweg
Changi-weg
Sloterdijk
Teleportboulevard
Tempelhofstr.
Kingsfordweg
E22
Volkstuinenpark Sloterdijkermeer
Volkstuinenpark Nut en Genoegen
Spaarndammerdijk
Velserweg
Molenwerf
SLOTERDIJK
Kimpoweg
kade
HAARLEM
Haarlemmervaart
N5
Haarlemmerweg
EINSTEINWEG
S102
S103
S104
S105
Sportpark Multatuliweg
De Roos van Dekamaweg
Majoor Fransweg
Lauernessestr.
F. Huyckstr.
H.T.S.
W. Leevendstr.
K. Louwenstr.
S. Burgerhartstr.
Gibraltarstr.
Doggersbankstr.
V. Gentstr.
Kijkduinstr.
Livornostr.
Solebaystraat
Lommerweg
Nieuwpoortstr.
Nassaustr.
Den Nieuwpoortkade
Brielstraat
Willem
Vredenhof
Westelijk
Admiraal de Ruijterweg
Witzanghlaan
Jephtastr.
Winckelstr.
Gulden Winckelstr.
Granidalstr.
Lucellestr.
Hofwijckstr.
Hertspiegelweg
Hofwijckpad
Lippijnstr.
Bestevaerstr.
J. v. Stolbergstr.
L. d. Colignystr.
C. de Bourbonstr.
Flierefluiterpad
De Schaapherderstr.
S. Semeynsstr.
P. P. Paaltjenspad
Leeuwendalersweg
Nannostr.
Akbarstr.
J. v. Schaffelaarplantsoen
Gulden Winckelplantsoen
Baetostr.
Trouringhstr.
Sp. Brabanderstr.
Griarestr.
Egidiusstr.
Merlijnstr.
Vierwindenstr.
Heemskinderenstr.
Doormanstr.
J. den Haenstr.
Zwijgerlaan
T.H. de Vriesstr.
J. v. Andringastr.
G. Callenburgstr.
Rijpstr.
Bos en Lommerweg
W. Pietersestr.
Bos en Lommerplein
Bos en Lommer
Tijl Uilenspiegelstr.
Bibl.
Esmoreitstr.
Sanderijnstr.
Lanseloetstr.
Griseldestr.
M. v. Nimwegenstr.
Wachterliedplant.
Heer Halewijnstr.
Ferguutstr.
Blancefloerstr.
Elegaststr.
Roelantstr.
Leeuwendalersweg
E. Staesstr.
B. Gansendonckstr.
J. v. Arteveldestr.
De Leeuw v. Vlaanderenstr.
A10
G.A.K.
Lommerplantsoen
Bos en Lommerplein
Eckertstr.
Busken Huetstr.
Erasmusgracht
Sportpark Joos Banckersweg
J. Banckersweg
De Rijpgracht
Coppelstockstr.
J. Haringstr.
J. Leijnsenstr.
Bloys van Treslongstr.
BOS EN LOMMER
Erasmuspark
Sportpark
Jan van Galenstraat
Sporthal
GEUZENVELD
Amundsenweg
R. Scottstraat
J. Rosskade
E. d. Roodestr.
F. Nansenhof
Orteliusstr.
Mercatorstr.
Hondiusstr.
Hoofdweg
R. Claeszenplein
Claeszenstr.
Lumeijstraat
P. v.d. Doesstr.
J. d. Moorstr.
Krommertstr.
Zwembad
C. Dirkszstr.
Vancouverstr.
Shackletonstr.
Torresstr.
J. Cookstr.
J. Franklinstr.
Vespuccistr.
Marco Polostraat
J. Maijenstr.
Admiralengracht
M. H. Trompstr.
St. Lucas-ziekenhuis
Dr. J. v. Breemenstr.
Adm. Helfrichstr.
J. v. Galenbad
Rheumacentrum Dr. J.v. Breemen
Orteliuskade
J. v. Riebeekstr.
F. v. Almondestr.
V. Speijkstr.
Chassestr.
Wassenaar Obdamstr.
Kortenaerstr.
Jan Evertsenstraat
Mercatorpl.
B. Diazstr.
Cabralstr.
Balbaostraat
L. Boisotstr.
Kinsbergenstr.
V. de Withstraat
Hudsonstr.
Baffinstr.
Magalhaensplein
Vasco da Gamastr.
Cabotstr.
Columbusstr.
Kinderboerderij
Van Orteliusstr.
Spilbergenstr.
Voermanlaan
A. Tademastr.
H. Nibbrigstr.
L. Apolstr.
W. Nuijenstr.
Derkinderenstraat
Staalmeesterslaan
Rembrandtpark
V. Middellandtstr.
Davisstr.
Columbusplein
V. Brakelstr.
Baarsjesweg
Kostverloren
W. Nakkenstr.
W. Sluiterstr.
Postjesweg
Kinkerstr.
Borgerstr.
OVERTOOMSE
118
114
1
2
3
4
5
6

D
E
F
Spaarndammer-
dijk
Nieuwe Hemw.
S 101
Sportcentrum
Houthaven
Amst. Noord
300 m
Oude Houthaven
Tasman-
str.
V. Diemen-str.
Van Diemen-kade
Roggeveenstr.
Le Mairekade
V. Noordtkade
M.-Vlaarkade
Zoutkeetsgracht
Vierwinden-str.
Realengracht
Galgenstr.
Spaarndammer-
str.
Zaandammer-plein
Polanenhof
Spaarndammer-plantsoen
Knollendam-str.
Houtrijk-str.
Wormerveer-str.
Assendelftstr.
Adrichem-str.
Zaandijk-str.
Westzaan-str.
Houtman-kade
Stadsdeelkantoor Westerpark
Theatercomplex Westergasfabriek
Westerpark
Haarlemmer-
weg
Nassauplein
Haarlemmer-plein
Haarlemmer-dijk
Brandweer
Van Bleiswijk
Pompst. Gem. Waterl.
Kemper-str.
Van Hall-str.
Sportpark V. Hogendorpstr.
V. Hogendorp-str.
Sporthal
Clifford-str.
Nassaukade
1e Nassaustr.
2e Nassaustr.
Jacob Catskade
Frederik Hendrik-plantsoen
Kostverlorenkade
1e Kostverlorenkade
Centrale
Groothandels-markt
Marnix-plein
Marnix-str.
Singel-gracht
S100
Lijnbaans-gracht
Palmgracht
Brouwers-gracht
Palm-str.
Willems-str.
Goudsbloem-str.
Linden-gracht
Noordermarkt
Boom-str.
Prinsen-gracht
Keizers-gracht
Heren-gracht
JORDAAN
Wester-str.
Anjeliers-str.
Tuin-str.
Egelantiers-gracht
Egelantiers-str.
Lelie-gracht
Bloem-gracht
Bloem-str.
Anne Frank Huis
Westerkerk
Westermarkt
Raadhuisstraat
Ophoved-kunde
Kath. Theol. Hogesch.
Th.-Inst. en Mus.
Oude Leliestr.
P.C. Hooft-hs.
Driekoningen-str.
De Clercq-
straat
Rozen-
gracht
Rozen-str.
Laurier-gracht
Laurier-str.
Elands-gracht
Elandsstr.
Looiersgracht
Hazenstr.
Ped. Acad.
Konijnen-str.
Reestraat
Hartenstraat
Gasthuis-molenst.
Singel
Suikerhof
Berenstraat
Wolvenstraat
Romeins-armst.
Oude Spiegel-str.
Felix Meritis
Runstraat
Huidenstraat
Bijbels-museum
Cedla
Beulingstr.
UvA
Openb. Bibl.
Voorl. D.R.O.
H.E.A.O.
Molenpad
Leidse-gracht
Leidse-plein
Raamplein
Raamstr.
Passeerdersgracht
Hoofdbureau van Politie
Bernad.
Jeugdth.
Stadsschouwburg
De La Mar Theater
Bellevue
OUD
WEST
Bilderdijk-
kade
Bilderdijk-park
Bilderdijkstr.
Da Costa-kade
Da Costa-str.
Potgieterstr.
Kwakers-plein
Kwakersstr.
Ten Katestr.
Tollensstr.
Bellamy-plein
Stads-deelk.
Kinker-str.
J. v. Lennep-kade
Lennepkade
Marcanti-laan
Bur. Huisvesting
H. d. Groot-str.
2e H. d. Groot-str.
H. d. Groot-plein
Hugo de Groot-gracht
Reigersbergenstr.
Fred. Hendrik-str.
Geuzenkade
Jacob van Lennepstr.
Leraren-opl.
W. Gasthuisplein
Prinsen-
Keizers-
Heren-
1
2
3
4
5
6
115
119

A
B
C
300 m
Houthaven
Oude Houthaven
Amst. Noord
V. Diemenstr.
Van Diemenkade
Roggeveenstr.
Barentszplein
Barentszstr.
Zoutkeetsgracht
Vierwindenstr.
Taanstr.
Zandhoek
Realengracht
Jan Menspl.
Westerdoksdijk
Silodam
Galgenstr.
Bickersgracht
Bickersstr.
Touwslagerstr.
Zeilmakerstr.
Westerdok
Eilandgracht
Sloterdijkstr.
Brandweer
Haarlemmerpl.
Haarlemmer Houttuinen
Brouwersgracht
Palmgracht
S100
Rijkspolitie te Water
Westerdokskade
K.v.K.
Havengebouw
De Ruijterkade
Prins Hendrikkade
HET IJ
Centraal Station
Stationsplein
Droogbak
Noordermarkt
Noorderkerkstr.
JORDAAN
Prinsengracht
Keizersgracht
Herengracht
Singel
Ophoved-kunde
Kath.-Theol. Hogesch.
Anne Frank Huis
Westerkerk
Westermarkt
Raadhuisstraat
Nieuwezijds Voorburgwal
Nieuwe Kerk
Dam
Paleisstr.
Nat. Mon.
Mad. Tuss.
Damrak
Beursplein
Oude Kerk
Oudekerksplein
CENTRUM
De Waag
Nieuwmarkt
Zeedijk
Geldersekade
Oudezijds Voorburgwal
Oudezijds Achterburgwal
Kloveniersburgwal
Groenburgwal
Zwanenburgwal
Jodenbreestr.
Waterlooplein
Muziektheater
Stadhuis "Stopera"
Muiderstr.
Amstel
Nieuwe Herengracht
Rokin
Kalverstraat
Spui
Muntplein
Reguliersbreestr.
Rembrandtplein
Thorbeckeplein
Utrechtsestr.
Kattenkabinet
Bijbels museum
Cedla
Leidsegracht
Felix Meritis
Wolvenstraat
Huidenstraat
Runstraat
Berenstraat
Romeinsarmst.
Begijnensloot
Nes
Univ. Mus.
Soc. Inst.
Inst. M.E. Muziekwetensch.
Oudemanhuispoort
Scheepvaarthuis
Schippersgracht
Oosterdok
Uilenburgergracht
Valkenburgerstr.
Rapenburg
Weesperstr.
Amstelhof
Mr. Visserpl.
J.D. Meijerplein
Gasthuismolenst.
Harlenstraat
Suikerhof
Graskweg
Grasweg
Chrysantenstr.
Asterweg
Badhuisweg
Tolhuisweg
Buiksloterweg
Sixhaven
120
116

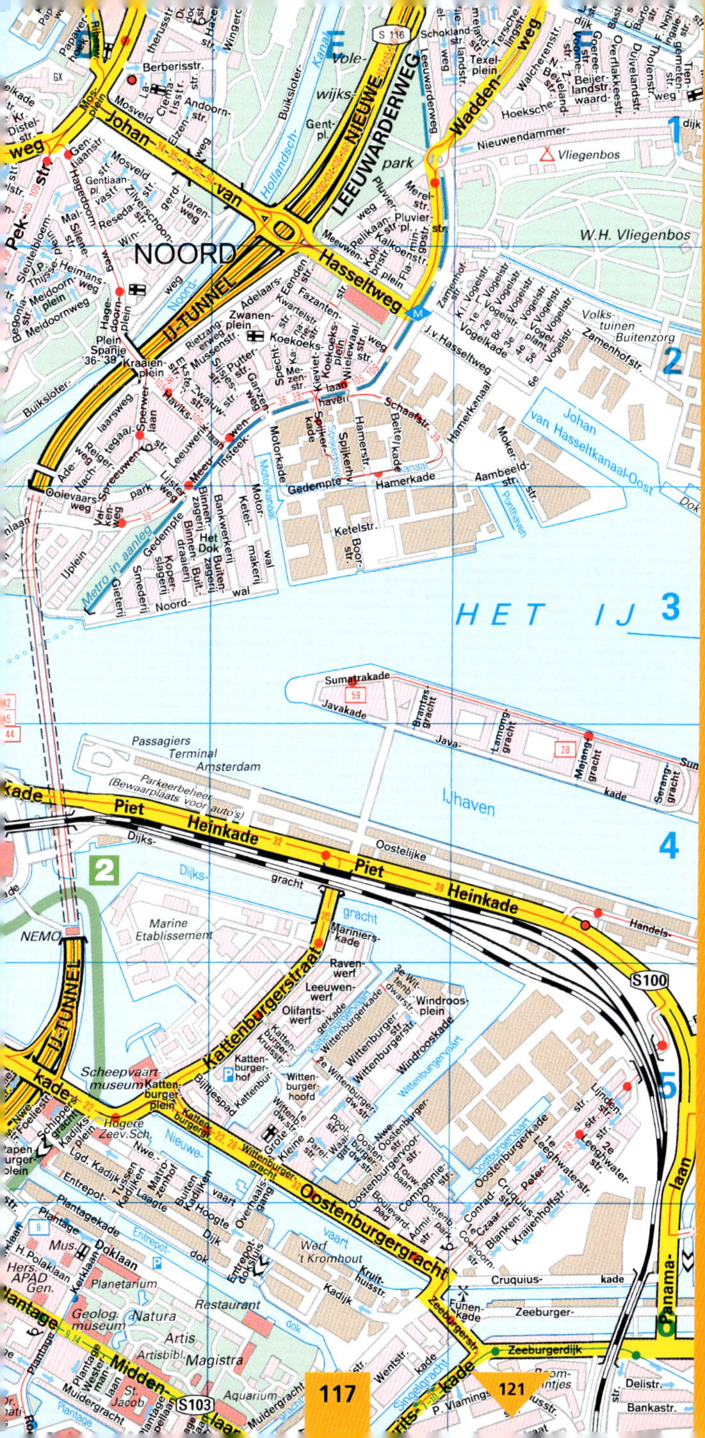

NOORD
HET IJ
IJ-TUNNEL
Johan-van Hasseltweg
Nieuwe Leeuwarderweg
Leeuwarderweg
Waddenweg
Nieuwendammerdijk
Vliegenbos
W.H. Vliegenbos
Volkstuinen Buitenzorg
Zamenhofstr.
Vogelkade
Johan van Hasseltkanaal-Oost
Hamerkanaal
Hamerkade
Gedempte Hamerkanaal
Aambeeldstr.
Mokerstr.
Ponthaven
Ketelstr.
Motorkade
Motorkanaal
Spijkerkade
Spijkerkanaal
Hamerstr.
Schaafstr.
Beitelkade
Gedempte Kanaal
Metro in aanleg
Meeuwenlaan
Kraaienplein
Plein '36-'39
Buiksloterweg
Buiksloterkanaal
Hollandsch Kanaal
Noordhollandsch Kanaal
Volewijkspark
Gentplein
Mosveld
Meidoornweg
Meidoornplein
Hagedoornweg
Hagedoornplein
Ooievaarsweg
IJplein
Nieuwendammerdijk
Sumatrakade
Javakade
Java-eiland
Brantasgracht
Lamonggracht
Majanggracht
Seranggracht
Passagiers Terminal Amsterdam
Parkeerbeheer (Bewaarplaats voor auto's)
IJhaven
Piet Heinkade
Oostelijke Handelskade
Dijksgracht
Marine Etablissement
NEMO
Kattenburgerstraat
Kattenburgerplein
Kattenburgergracht
Mariniersplein
Mariniers-kade
Ravenwerf
Leeuwenwerf
Olifantswerf
Wittenburgerkade
Wittenburgergracht
Wittenburgervaart
Windroosplein
Windrooskade
Oostenburgergracht
Oostenburgervaart
Oostenburgerkade
Scheepvaartmuseum
Hogere Zeev.Sch.
Nieuwe Vaart
Entrepotdok
Werf 't Kromhout
Cruquiuskade
Zeeburgerkade
Zeeburgerdijk
Panamalaan
Plantage Kerklaan
Plantage Doklaan
Plantage Middenlaan
Planetarium
Natura Artis Magistra
Geolog. museum
Aquarium
Restaurant
Muidergracht
Singelgracht
S 116
S100
S103
117
121

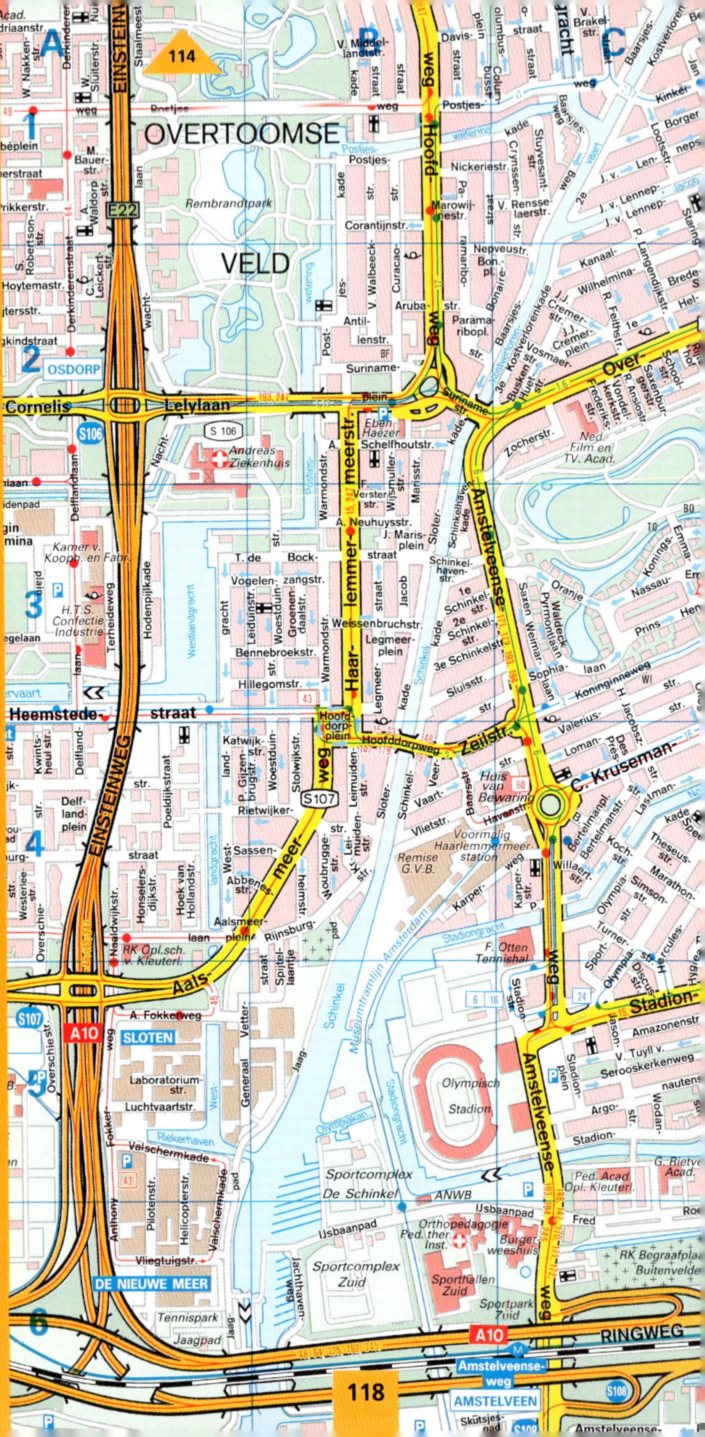
114
A
B
C
1
2
3
4
5
6
OVERTOOMSE
VELD
Rembrandtpark
OSDORP
Cornelis
Lelylaan
EINSTEINWEG
E22
S106
S 106
Andreas Ziekenhuis
Kamer v. Kooph. en Fabr.
H.T.S. Confectie Industrie
Postjesweg
Hoofdweg
Surinameplein
Eben Haëzer
Schelfhoutstr.
Haarlemmermeerstr.
Westlandgracht
Heemstedestraat
Hoofddorpplein
Hoofddorpweg
Zeilstr.
Aalsmeerweg
Aalsmeerplein
S107
Amstelveenseweg
Overtoom
Ned. Film en TV. Acad.
C. Kruseman-
Huis van Bewaring
Voormalig Haarlemmermeer-station
Remise G.V.B.
Museumtramlijn Amsterdam
Stadiongracht
F. Otten Tennishal
Stadionweg
Olympisch Stadion
Olympiakan.
Schinkel
A10
SLOTEN
A. Fokkerweg
Laboratoriumstr.
Luchtvaartstr.
Riekerhaven
Valschermkade
Vliegtuigstr.
DE NIEUWE MEER
Sportcomplex De Schinkel
ANWB
IJsbaanpad
Orthopedagogie Ped. ther. Inst.
Burgerweeshuis
Sportcomplex Zuid
Sporthallen Zuid
Sportpark Zuid
Tennispark
Jaagpad
Ped. Acad. Opl. Kleuterl.
RK Begraafplaats Buitenveldert
RINGWEG
Amstelveenseweg
AMSTELVEEN
S108
Stadion-
Amazonenstr.
Serooskerkenweg
Koninginneweg
118

115
119
D
E
F
1
2
3
4
5
6
Leidseplein
Stadsschouwburg
De La Mar-Theater
Bellevue
Casino Amsterdam
Max Euwe-Centrum
Overtoom
Stadhouderskade
Weteringschans
Singelgracht
Lijnbaansgracht
Spiegelgracht
Wilhelmina Gasthuis
Lennepkade
Helmersstr.
1e C. Huygensstraat
Vondelstraat
Filmmuseum
Roemer Visscherstr.
Tesselschadestr.
Vossiusstr.
Schapenburgerpad
Hobbemastr.
Rijksmuseum
Revalidatie Centrum Amsterdam
Vondelpark
Van Eeghenstr.
Jacob Obrechtstr.
P.C. Hooftstr.
Van Baerlestr.
V. Gogh-museum
Stedelijk museum
Potterstr.
Museumplein
Boerhave-kliniek
Zuiderbad
Veiligheids-inst.
Hobbemakade
Concertgebouw
Concertgebouwplein
Fac. d. Soc. Cult. Wetensch.
Van Breestr.
Cornelis Anthoniszstr.
Willemsparkweg
Emmastr.
Valeriusstr.
Verhulststr.
OUD-ZUID
De Lairessestraat
Koninginneweg
J.J. Viottastr.
Saenredamstr.
Ruysdaelkade
Ruysdaelstr.
Ceintuurbaan
Amstelkanaal
J. v. Goyenkade
Dijsselhofplantsoen
Apollolaan
Beethovenstr.
Minervalaan
Stadionweg
NIEUW-ZUID
Parnassusweg
Olympiaplein
Sport-x Complex Olympiaplein
Conservatorium
Bachzaal
Apollohal
Diepenbrockstr.
Wielingenstr.
Churchilllaan
Muzenplein
Beatrixpark
R.A.I.
Congresgebouw
Boerenweteringpad
Zuid/WTC
W.T.C.
Strawinskylaan
Prinses Irenestraat
Gerechtsgebouw
Kantongerecht
A10
RINGWEG ZUID
Station
300 m
Tennishal
Squash
Tenniscentr. Amstelpark
Goed-Genoeg
S100
S108
S109

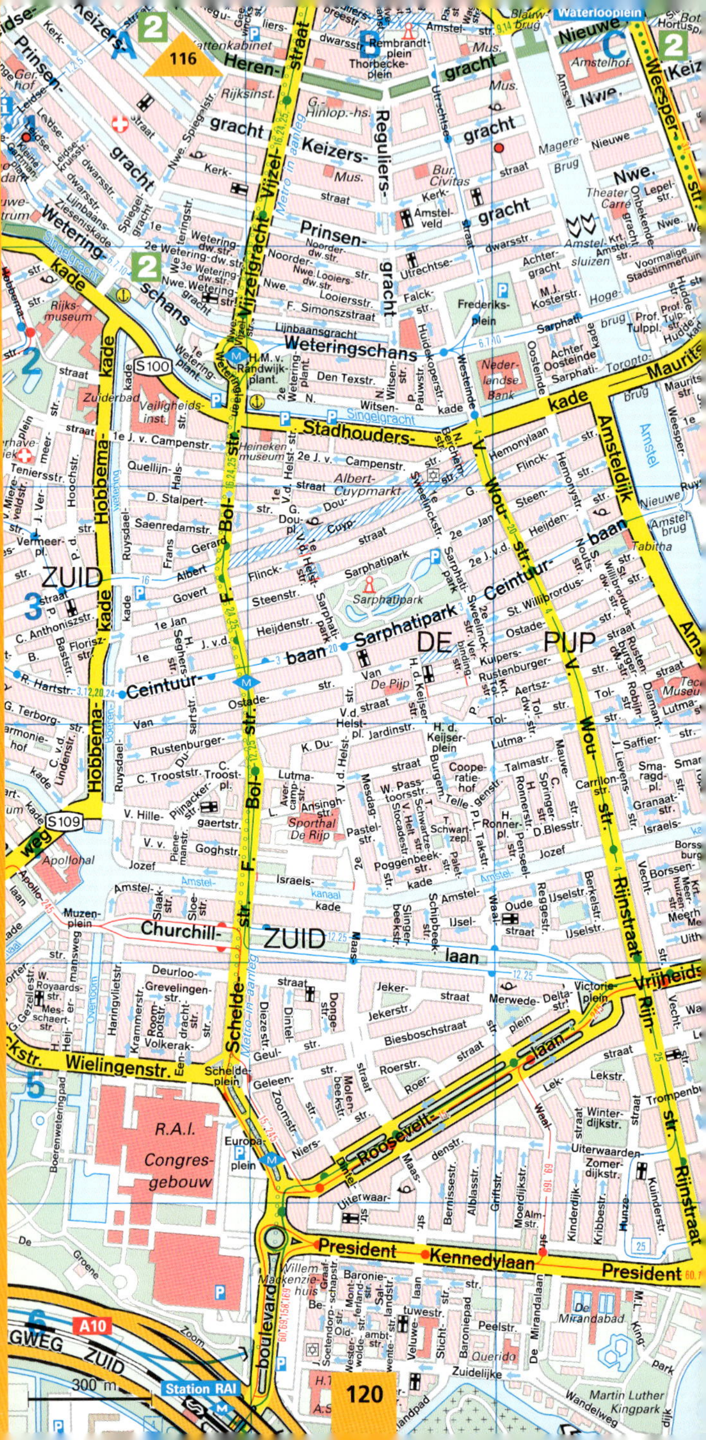

Waterlooplein
Blauw-brug
Rembrandt-plein
Thorbecke-plein
Amstel
Amstelhof
Nieuwe
Herengracht
Keizersgracht
Prinsengracht
Reguliersgracht
Utrechtse-straat
Vijzelgracht
Vijzelstraat
Rijksinst.
Leidse-gracht
Spiegelgracht
Weteringschans
Wetering-kade
Singelgracht
Rijksmuseum
Hobbemakade
Lijnbaansgracht
Weteringschans
Frederiks-plein
Nederlandse Bank
Magere Brug
Theater Carré
Amstel-sluizen
Achtergracht
Sarphatistr.
Stadhouderskade
Mauritskade
Toronto-brug
Amsteldijk
Heineken museum
Albert Cuypmarkt
Albert Cuypstraat
Ceintuurbaan
Sarphatipark
Van Woustraat
Ferdinand Bolstraat
ZUID
DE PIJP
Tabitha
Nieuwe Amstelbrug
Ruysdaelkade
Boerenwetering
Amstelkanaal
Churchill-laan
Scheldestr.
Scheldeplein
Wielingenstr.
R.A.I. Congresgebouw
Europa-plein
Rooseveltlaan
Victorieplein
Vrijheidslaan
Rijnstraat
President Kennedylaan
Apollohal
Apollolaan
Sporthal De Rijp
Willem Mackenzie-huis
De Mirandabad
Martin Luther Kingpark
Wandelweg
Station RAI
A10
RINGWEG ZUID
Boulevard
Zuiderbad
Veiligheids-inst.
S100
S109
Metro in aanleg
300 m

116
120

117
121
D
E
F
1
2
3
4
5
6
OOST
OVER-
AMSTEL
G.E.B.
Oosterpark
Artis
Artisbibl.
Magistra
Aquarium
museum
Plantage
Middenlaan
Muidergracht
Alexanderplein
Mauritskade
Tropenmuseum
Rijksacad. v.B.Kunsten
S103
S100
S111
S112
S113
Singelgracht
Sarphatistr.
Spinozahof
Linnaeusstraat
Dapperstr.
1e V. Swindenstraat
Wittenbachstr.
Muider-Poort
Oosterspoorplein
Stadsdeel. Oost
Oetewalerpad
Polderweg
Beijersweg
Oranje Vrijstraatkade
O.L.V. Gasthuis
Oosterparkstr.
Wibautstr.
Wibautstr.
Transvaalkade
Krugerpl.
Steve Biko plein
Middenweg
Onneslaan
Stadskwekerij
Frankendael
Volkstuinen
Klein Dantzig
Prins Bernhard-park
Hugo de Vrieslaan
Gooiseweg
Hugo de Vries-
Prins Bernhard-plein
Julianaplein
Julianapark
Mr. Treublaan
Amstel
Amsteldijk
Weesperzijde
Omval
Spaklerweg
Sportpark
Drie Burg
Darwinplantsoen
Rioolwaterzuivering Inrichting Zuid
Penitentiaire Inrichting
Wenckebachweg
Martin Luther
Brandweer
Ringdijk
Wibautstr.
Spaklerweg

A
B
C
5 km
1
2
3
4
5
6
NOORDZEE
Groet
Catrijp
Schoorl
Aagtdorp
Warmenhuizen
Hollands Noorden-Route
Noord-Scharwoude
LANGEDIJK
Oudkarspel
Verlaat
De Noord
Spanbroek
Zuid-Scharwoude
Broek op Langedijk
Koedijk
Obdam
HEERHUGOWAARD
Hensbroek
Boswachterij Schoorl
Zee-aquarium
Bergen aan Zee
BERGEN
Sint Pancras
HUISWAARD
De Zes Wielen
't Kruis
Wogmeer
Rustenburg
Het Woud
Wimmenum
Kaasmarkt
ALKMAAR
Oudorp
Oterleek
Ursem
Egmond aan Zee
Egmond aan den Hoef
De Kooi
Wester-Koggenland
Stompetoren
Koggen-Route
Rinnegom
HEILOO
De Schermer
Schermer
Schermerhorn
Egmond-Binnen
Zuidschermer
Grootschermer
Noordbeemster
De Beemster
Westbeemster
Driehuizen
Noordeinde
Groene Kustweg
Bakkum-Noord
Limmen
Graft-De Rijp
Graft
West-Graftdijk
De Rijp
Beemster
Middenbeemster
Castricum aan Zee
CASTRICUM
Akersloot
Oost-Graftdijk
Spijkerboor
Purmerend-West
Alkmaarder Meer
Noord
Markenbinnen
Uitgeest
Marquette
Krommeniedijk
West-Knollendam
Oost-Knollendam
Hollands Kanaal
Zuidoostbeemster
Purmerend
HEEMSKERK
Heemskerkerduin
Assumburg
Castricum
Heemskerk
KROMMENIE
Wormer
Jisp
Wijdewormer
Neck
BEVERWIJK
Wijk aan Zee
Akermaat
Kn. Beverwijk
De Twaalfmaat
WORMERVEER
Wijdewormer
Newcastle 16h
VELSEN-NOORD
Assendelft
ZAANDIJK
Zaanse Schans
Wormer
Purmerland
Sluizen
Beverwijk
Velsertunnel
Zaandijk West
Zaandijk
De Heul
Knooppunt Zaandam
IJMUIDEN
VELSEN-ZUID
WESTZAAN
KOOG AAN DE ZAAN
Zaandam
Beeckestijn
IJmuiden
Kn. Velsen
Driehuis
Velserbroek
Buitenhuizen
Nauerna
ZAANSTAD
Oostzaan
Landsmeer
Westzaner Overtoom
Knpt. Coenplein
National Park Zuid-Kennemerland
Duin en Kruidberg
SANTPOORT
Brederode
Haarlemmerliede
Noordzeekanaal
Coentunnel
Oostzaan
TUINDORP OOSTZAAN
BUIKSLOOT
Spaarndam
Spaarnwoude
Grote
IJ-polder
Havens-West
Hemhavens
BLOEMENDAAL
Bloemendaal aan Zee
Haarlem-merliede
Ind. Halfweg
Circuit Zandvoort
Dolfirama
Overveen
St. Bavo
Nieuwe Brug
Kn. Rottepolderplein
Halfweg
GEUZENVELD
Haarlem Centrum
Kon. Paleis
Elswout
ZANDVOORT
Zwanenburg
HAARLEM
OSDORP
SLOTERVAART
Vijfhuizen
Lijnden
Sloten
De Nieuwe Meer
Olymp.-stadion
R.A.I.
Amsterdamse Water-leiding
HEEMSTEDE
SCHALKWIJK
Badhoevedorp
Groenendaal
Groene Kustweg
De Glip
Poldermuseum Cruquius
Cruquius
Linnaeushof
BADHOEVEDORP
Nieuwe Meer
BUITENVELDERT
Haarlemmermeer
Aalsmeer
AMSTELVEEN
Vogelenzang
Bennebroek
Transferium
Ouderkerk
Duinen
Zwaanshoek
Luchthaven Schiphol
Schiphol
Amstelveen
Ouderkerk
De Zilk
HOOFDDORP
De Hoek
Kn. De Hoek
HILLEGOM
Beinsdorp
Rozenburg
Bovenkerk
Amstel
Haarlemmer-meer
polder
Oude Meer
Nieuw-Vennep
Aalsmeerderbrug
Den Ruygen Hoek
AALSMEER
Nes aan de Amstel
Noord Holland
Amstelland
NOORDWIJKERHOUT
Arnoud
Keukenhof
Lisserbroek
Kabel
Rijsenhout
Bloemenveiling
Utrecht
Noordwijk-Binnen
De Engel
LISSE
Nieuw-Vennep
Oude Wetering
Vrouwentroost
De Kwakel
UITHOORN
Botshol
Noordwijk aan Zee
SASSENHEIM
Abbenes
Kaag-Dorp
Burgerveen
Kudelstaart
Westeinder Plassen
NOORDWIJK
Teijlingen
Kn. Burgerveen
Leimuiden
Vrouwenakker
Groene Kustweg
Waverveen
Noordwijkerhout
Buitenkaag
Bilderdam
Drecht
Amstelhoek
Voorhout
Kaag
Weteringbrug
Kromme Mijdrecht
Mijdrecht
Vinkeveen
Sassenheim
Warmond
Nieuwe Wetering
Oude Wetering
Rijnsaterwoude
Langeraar
De Hoef
De Ronde Venen
Rijnsburg
Oud-Ade
Rijpwetering
Roelofarendsveen
Nieuwveen
Zevenhoven
Wilnis
KATWIJK
OEGSTGEEST
Warmond
Roelofarendsveen
Braassemer meer
Papenveer
Zuid-Holland
Utrecht
Oud Poelgeest
Alkemade
Hollands Midden-Route
Noorden
Oegstgeest
LEIDEN
Hoogmade
Ofwegen
Woubrugge
Ridderburt
Ter Aar
Leiden
Rijndijk
LEIDERDORP
's-Molenaarsbuurt
Gnephoek
Koudekerk aan de Rijn
ALPHEN
Nieuwkoop
Nieuwkoopse plassen
Woerdense Verlaat
Den Deijl
Zoeterwoude-Rijndijk
Oude Rijn
Aarlanderveen
Kanis
VOORSCHOTEN
Zoeterwoude-Dorp
122

D
E
F
1
2
3
4
5
Urk 1¼h (V-IX)
ENKHUIZEN
Bovenkarspel
Lutjebroek
Hoogkarspel
Koggen Route
Zwaagdijk-Oost
Hauwert
Midwoud
Koggenland
Benningbroek
Nibbixwoud
Westwoud
Stede Broec
De Hout
Venhuizen
Oosterblokker
De Streek
Zwaagdijk-West
Wognum
Zwaag
Blokker
Drechterland
Hem
Oosterleek
Schellinkhout
Wijdenes
Groene Kustweg
HOORN
Scharwoude
Hoornse Hop
Schardam
Koggen-Route
Etersheim
Oosthuizen
Warder
Middelie
Axwijk
Edam-
-Volendam
Katwoude
Monnickendam
Marken
Kerkbuurt
Havenbuurt
Gouwzee
Broek in Waterland
Zuiderwoude
Uitdam
Ransdorp
Durgerdam
IJssel-meer
Markerwaard
Markwaarddijk
LELYSTAD
Houtribsluizen
Gemaal Wortman
Lelystad-Haven
Voorm. gebouw Zuiderzeewerken
Natuur-reservaat
Oost-vaarders-plassen
Aalscholver
Lepelaar
Speedway circuit
Nieuwland-Route
Gemaal De Blocq van Kuffeler
ALMERE
Almere-Buiten
Almere-Buiten-Oost
Almere-Buiten Knpt. Almere
ALMERE STAD
Almere-Buiten-W.
Almere-Stad
Almere-Stad-W.
Almere-Haven
Almere-Hout
Muiderzand
Gooimeer
Pampus
IJmeer
Over-Diemen
Muiderslot
Muiden
Muiderberg
WEESP
Kn. Muiderberg
NAARDEN
Oud Valkeveen
Waterlandseweg
Flevoland Utrecht
Eemmeer
HUIZEN
Oud Bussum
BUSSUM
Blaricum
Crailo
LAREN
Ankeveen
Nigtevecht
Nederhorst den Berg
Horstermeer
's-Graveland
Kortenhoef
Vreeland
Eemnes
Knooppunt Eemnes
Eembrugge
Eemdijk
Spakenburg
Bunschoten
Nijkerkernauw
Nijkerk
Holk
NIJKERK
Trompenburgh
HILVERSUM
Oud-Loosdrecht
Loosdrecht
Loenen
Nieuwersluis
Sypesteyn
Muyeveld
Nieuw-Loosdrecht
Breukeleveen
Hollandsche Rading
BAARN
Groeneveld
De Slaag
Paleis Soestdijk
Boswachterij De Vuursche
Lage-Vuursche
Drakensteyn
Eijckenstein
Soestdijk
SOEST
Hoogland
Hooglanderveen
Knpt. Hoevelaken
Hoevel.
AMERSFOORT
Stoutenburg
Breukelen
Gunterstein
Tienhoven
Oud-Maarsseveen
Westbroek
Maartensdijk
Soestduinen
Den Dolder
Soesterberg
Huis ter Heide
Bosch en Duin
Leusden
Leusden-Zuid
Oud-Leusden
Den Treek
MAARSSEN
Oudaen
Nijenrode
Achttienhoven
BILTHOVEN
Groenekan
DE BILT
Oud-Zuilen
UTRECHT
OVERVECHT
Noord
Voordaal
Nijkerk
Amsterdam-Rijnkanaal
STERDAM
MERENDE
Blaricum
Bunschoten
Eembrugge
Hilversum
Nieuw-Loosdrecht

Das Register enthält eine Auswahl der im Cityatlas dargestellten Straßen und Plätze

anzeige

total relaxed in den urlaub: übung für fortgeschrittene

1. schliessen sie die augen und denken sie intensiv an das wunderbare wort „ferienmietwagen zum alles inklusive preise“. stellen sie sich viele extras vor, die bei holiday autos alle im preis inbegriffen sind:

keine selbst beteiligung

mindestens 1,5 mio € haftpflicht-deckungssumme usa: 1,1 mio €

- unbegrenzte kilometer
- haftpflichtversicherung mit min. 1,5 mio €uro deckungssumme (usa: 1,1 mio €uro)
- vollkaskoversicherung ohne selbstbeteiligung
- kfz-diebstahlversicherung ohne selbstbeteiligung
- alle lokalen steuern
- flughafenbereitstellung
- flughafengebühren

2. atmen sie tief ein und lassen sie vor ihrem inneren auge die zahlreichen auszeichnungen vorbeiziehen, die holiday autos in den letzten jahren erhalten hat.

   sie buchen ja nicht irgendwo.

WORLD travel AWARDS 2001 WINNER World's Leading Leisure Car Rental Co.

3. nehmen sie ganz ruhig den hörer, wählen sie die telefonnummer **0180 5 17 91 91** (**12cent/min**), surfen sie zu **www.holidayautos.com** oder fragen sie in ihrem reisebüro nach den topangeboten von holiday autos!

kein urlaub ohne holiday autos

MARCO POLO

Für Ihre nächste Reise gibt es folgende Titel:

Deutschland

Allgäu
Amrum/Föhr
Bayerischer Wald
Berlin
Bodensee
Chiemgau/ Berchtesgaden
Dresden
Düsseldorf
Eifel
Erzgebirge/ Vogtland
Franken
Frankfurt
Hamburg
Harz
Heidelberg
Köln
Leipzig
Lüneburger Heide
Mark Brandenburg
Mecklenburgische Seenplatte
Mosel
München
Nordseeküste: Schleswig-Holstein
Oberbayern
Ostfries. Inseln
Ostfriesland: Nordseeküste Niedersachsen
Ostseeküste: Mecklenburg-Vorpommern
Ostseeküste: Schleswig-Holstein
Pfalz
Potsdam
Rügen
Ruhrgebiet
Schwarzwald
Spreewald/ Lausitz
Stuttgart
Sylt
Thüringen
Usedom
Weimar

Frankreich

Bretagne
Burgund
Côte d'Azur
Disneyland Paris
Elsass
Frankreich
Frz. Atlantikküste
Korsika
Languedoc-Roussillon
Loire-Tal
Normandie
Paris
Provence

Italien Malta

Apulien
Capri
Dolomiten
Elba
Emilia-Romagna
Florenz
Gardasee
Golf von Neapel
Ischia
Italien
Italien Nord
Italien Süd
Ital. Adria
Ligurien
Mailand/ Lombardei
Malta
Oberital. Seen
Piemont/Turin
Rom
Sardinien
Sizilien
Südtirol
Toskana
Umbrien
Venedig
Venetien/Friaul

Spanien Portugal

Algarve
Andalusien
Barcelona
Costa Blanca
Costa Brava
Costa del Sol/ Granada
Fuerteventura
Gomera/Hierro
Gran Canaria
Ibiza/Formentera
Lanzarote
La Palma
Lissabon
Madeira
Madrid
Mallorca
Menorca
Portugal
Spanien
Teneriffa

Nordeuropa

Bornholm
Dänemark
Finnland
Island
Kopenhagen
Norwegen
Schweden

Osteuropa

Baltikum
Budapest
Königsberg/ Ostpreußen Nord
Masurische Seen
Moskau
Plattensee
Polen
Prag
Riesengebirge
Rumänien
Russland
St. Petersburg
Slowakei
Tschechien
Ungarn

Österreich Schweiz

Berner Oberland/ Bern
Kärnten
Österreich
Salzburger Land
Schweiz
Tessin
Tirol
Wien
Zürich

Westeuropa und Benelux

Amsterdam
Brüssel
England
Flandern
Irland
Kanalinseln
London
Luxemburg
Niederländ. Küste
Niederlande
Schottland
Südengland
Wales

Südosteuropa

Athen
Bulgarien
Chalkidiki
Griechenland Festland
Griechische Inseln/Ägäis
Ionische Inseln
Istrien/Kvarner
Istanbul
Korfu
Kos
Kreta
Kroatische Küste
Peloponnes
Rhodos
Samos
Slowenien
Türkei
Türkische Mittelmeerküste
Zypern

Nordamerika

Alaska
Chicago und die Großen Seen
Florida
Hawaii
Kalifornien
Kanada
Kanada Ost
Kanada West
Los Angeles
New York
Rocky Mountains
San Francisco
USA
USA Neuengland
USA Ost
USA Südstaaten
USA Südwest
USA West
Washington, D.C.

Mittel- und Südamerika Antarktis

Antarktis
Argentinien/ Buenos Aires
Bahamas
Brasilien
Chile
Costa Rica
Dominikanische Republik
Ecuador/ Galapagos
Jamaika
Karibik I
Karibik II
Kuba
Mexiko
Peru/Bolivien
Venezuela
Yucatán

Afrika Vorderer Orient

Ägypten
Djerba/ Südtunesien
Dubai/Emirate/ Oman
Israel
Jemen
Jerusalem
Jordanien
Kenia
Libanon
Marokko
Namibia
Südafrika
Syrien
Türkei
Türkische Mittelmeerküste
Tunesien

Asien

Bali/Lombok
Bangkok
China
Hongkong/ Macau
Indien
Japan
Ko Samui/ Ko Phangan
Malaysia
Nepal
Peking
Philippinen
Phuket
Singapur
Sri Lanka
Taiwan
Thailand
Tokio
Vietnam

Indischer Ozean Pazifik

Australien
Hawaii
Malediven
Mauritius
Neuseeland
Seychellen
Südsee

Sprachführer

Arabisch
Englisch
Französisch
Griechisch
Italienisch
Kroatisch
Niederländisch
Norwegisch
Polnisch
Portugiesisch
Russisch
Schwedisch
Spanisch
Tschechisch
Türkisch
Ungarisch

In diesem Register finden Sie alle Sehenswürdigkeiten, Museen, Ausflugsziele sowie Stichworte und wichtigen Personen. Halbfette Seitenzahlen verweisen auf den Haupteintrag, kursive auf ein Foto.

Schreiben Sie uns!

Liebe Leserin, lieber Leser,

wir setzen alles daran, Ihnen möglichst aktuelle Informationen mit auf die Reise zu geben. Dennoch schleichen sich manchmal Fehler ein – trotz gründlicher Recherche unserer Autoren/innen. Sie haben sicherlich Verständnis, dass der Verlag dafür keine Haftung übernehmen kann. Wir freuen uns aber, wenn Sie uns schreiben.

Senden Sie Ihre Post an die MARCO POLO Redaktion,
Mairs Geographischer Verlag, Postfach 31 51, 73751 Ostfildern,
marcopolo@mairs.de

Impressum

Titelbild: Fahrrad mit Tulpen auf Gepäckträger (Mauritius/Visa Image)
Fotos: M. Brinkgreve (66); R. Freyer (5 l., 12, 18, 26, 34, 38, 40, 43, 45, 46, 77, 86,); HB Verlag: Kiedrowski (U. l., 2 o., 2 u., 4, 7, 11, 14, 16, 17, 19, 20, 22, 23, 25, 27, 28, 32, 33, 41, 52, 59, 63, 80, 82), Kluyver (5 r., 35, 71, 94); U. Kluyver (U. M., U. r., 1, 9, 48, 56, 58, 62, 65, 78, 84, 89, 91, 92, 97); laif: Yspeert (98); Mauritius/Visa Image (109); O. Stadler (6, 76); S. Weidemann (73)

9., aktualisierte Auflage 2003 © Mairs Geographischer Verlag, Ostfildern
Herausgeber: Ferdinand Ranft, Chefredakteurin: Marion Zorn
Redaktion: Andrea Sach, Bildredakteurin: Gabriele Forst
Kartografie Reiseatlas: © Falk Verlag, Ostfildern
Gestaltung: red.sign, Stuttgart
Sprachführer: in Zusammenarbeit mit Ernst Klett Verlag GmbH, Stuttgart, PONS Wörterbücher
Das Werk einschließlich aller seiner Teile ist urheberrechtlich geschützt. Jede urheberrechtsrelevante Verwertung ist ohne Zustimmung des Verlages unzulässig und strafbar. Das gilt insbesondere für Vervielfältigungen, Übersetzungen, Nachahmungen, Mikroverfilmungen und die Einspeicherung und Verarbeitung in elektronischen Systemen.
Printed in Germany. Gedruckt auf 100% chlorfrei gebleichtem Papier

Bloß nicht!

Auch in Amsterdam gibt es Dinge, die man wissen sollte oder besser vermeidet

Gleich Deutsch sprechen
Zu ihren deutschsprachigen Gästen haben viele Amsterdamer ein gestörtes Verhältnis, da sie häufig als arrogant, laut und unhöflich gelten. Ein guter Tipp: Bieten Sie Ihrem Gegenüber doch erst das Englische an – nicht, um sich dahinter zu verstecken, sondern ganz schlicht deswegen, weil die gemeinsame Fremdsprache Sie zu Gleichberechtigten macht.

Grachtenfahrten im Regen
Wenn es regnet in Amsterdam, sind Grachtenfahrten sinnlos. Man sieht so gut wie nichts, da die Fensterscheiben von innen beschlagen. Dann ist es besser, man geht, mit einem Regenschirm ausgestattet, zu Fuß.

Mit dem Auto in die Stadt
Amsterdam gehört inzwischen zu den vier bei Touristen beliebtesten europäischen Städten – doch das bringt auch Probleme mit sich. Vermeiden Sie generell, mit dem Auto nach Amsterdam zu fahren. Am schlimmsten ist es am Samstag oder Sonntagmittag, wenn auch die Holländer aus der Provinz anreisen, um einzukaufen. Die Straßen sind schmal und meist nur in eine Richtung zu befahren. Die Zahl der Parkplätze ist beschränkt, und die Gebühren sind hoch. Im Zentrum ist alles bequem zu Fuß oder mit dem Rad erreichbar – Sie sind als Autofahrer nicht schneller am Ziel. Außerdem werden von der Polizei falsch parkende Pkw rigoros mit Radkrallen versehen oder abgeschleppt – eine unnötige Belastung für die Urlaubskasse.

Opfer von Taschendieben werden
Amsterdam hat eine sehr hohe Kriminalitätsrate. Auf Transparenten und Flugblättern wird der ankommende Reisende in mehreren Sprachen vor Taschendieben gewarnt. Besondere Vorsicht gilt vor allem auf dem Hauptbahnhof, dem Flughafen Schiphol und der Bahn zwischen Flughafen und Stadt, auf allen Märkten und in belebten Fußgängerzonen sowie in den Museen, in Trams und auch in Restaurants. Nehmen Sie Ihre Handtasche möglichst vor die Brust oder verbergen Sie sie unter der Jacke.

Ohne Reservierung anreisen
Die Hotelsituation in Amsterdam ist sehr angespannt. Es fehlt vor allem an Häusern der mittleren und unteren Kategorie. Sie sollten deshalb unbedingt rechtzeitig reservieren. Bei manchen Hotels ist das leider schon Monate in Voraus nötig. Oder weichen Sie auf Häuser außerhalb aus – dann aber auf gute Verkehrsverbindungen in die Stadt achten.